オトナ女子は
人生を“食”で
奏でる

大谷ゆみこ

幻冬舎
MC

オトナ女子は人生を〝食〟で奏でる

はじめに

申し分のない会社で働き、十分な給料も手にしているけれど、自分の居場所はここではないような気がする。

夢や信念を持って叶えた職業なのに、現実は心を痛めるような矛盾ばかり。

本当はもっと別の生き方があるのではないかという思いがあるのに、半分諦めている。

働き者の夫とかわいい子供たち、広いキッチンのあるマイホーム、何不自由ない幸せなはずの毎日なのに心からは満足していない私がいる。

冷え性や生理痛といったなんとなくの不調にいつも悩まされ、病気や老いへの不安が頭を離れない。

化粧品やエステにお金をかけていても肌トラブルが解消されない。増えるシワやシミ、崩れるばかりの体型にため息をつく毎日。

女性が抱えるこれらの悩みを解決する方法が、実は食にあります。

私は、多くの悩める女性を手助けしてきました。

20代でデザイン会社を立ち上げ、人気デザイナーとして活動していましたが、欧米化していく食生活で健康を害する人や心を病む人が増える一方、自己流の健康食で命を縮める現実にも直面し、現代の食のあり方に疑問を持つようになりました。本来日本人は何を食べてきたのだろう。日本人の元気の源は何だったのか。そう思った私は、1982年から日本伝統の食文化を研究し始めました。

理にかなった日本古来の知恵を、最先端生命科学の視点から見直すことで、ひとつの食にたどり着いたのです。

それが、健康と幸せのスキル「未来食」です。

この叡智を一人でも多くの人に伝えたい、という熱い思いからセミナーや料理教室の全国ネットワークを育ててきました。

『未来食7つのキーフード』『つぶつぶクッキングSTARTBOOK』など著書は40冊以上、オリジナルレシピは3000点以上、セミナーやテレビ、ラジオ、雑誌などへの出演で共感者も増え続けています。また、未来食の論文が日本ベジタリアン学会に受理され、日本人女性で初めて学会員の最高位であるベジタリアンマイスターを授与されました。

毎日の食は、体に栄養を与え、センサーとしての心に影響し、健康で前向きな心身を育みます。食を見直すことは、幸せを手に入れる最短ルートなのです。

自然界の仕組みと体の仕組みに合った、体も心も元気になる、簡単おいしい食術、それが未来食です。

実践していくと、現代人に不足しがちな栄養素が十分に行き渡り、本来の心と体の機能が蘇り、活力ある人生を生きられるようになります。

未来食は、食べ方と同時に、生き方そのものを見直し、人生を変えていくシステムなのです。

実際に食を見直し、未来食に変えたことによって、女性たちが数ヶ月後にはまったく別人のようになる姿を、数え切れないほど目の当たりにしてきました。

シンプルでレシピの幅が広い未来食に感動し、そのおいしさに感動しているうちに、ぐんぐん体の調子が整って、なんだか心も満たされて、不満も不安もイライラも消えてしまう。笑顔を取り戻して、行動的になり、おしゃれや人生を楽しめるようになっていくのです。

夫や子供との関係が改善されて円満な家庭が実現したり、人生のパートナーとめぐり合って結婚したり、あるいは物事が思い通りにいくようになり、自信が生まれるのです。そして、自分にとってのやりがいのある仕事を手に入れる人もいます。自分が幸せになったからこそ未来食を人に教えたいと、家で料理教室を開き、経済的に自立する人もいます。

多くの実践者たちが、「想像もできなかった未来が実現した」と喜んでいます。

このように、未来食は、あなたの未来をひらく可能性を持っています。

女性たちには、一刻も早く悩みから脱出し、自分らしく輝ける人生を歩んでほしいと思っています。

そのための方法を本書で紹介します。

健康で楽しく自分磨きをしながら、生きがいとなる仕事と円満な家庭を手に入れる、そんな輝ける世界に女性たちが出会ってくれることが私の願いです。

目次

第2章

幸せのヒントはキッチンにあった！あらゆる人に好影響を与えるビーガン食生活

第3章

女性の望みが叶う魔法！
人生を奏でる未来の食スタイル

第4章

「私が主役」の人生を生きる！個性と才能を〝食〟で生かすライフスタイル

第5章

輝く女の〝あたらしい食〟エピソード 〜自分も周りも〝未来食〟で幸せに〜

第1章

不健康なカラダ、不安なココロ……幸せじゃないのは「食」のせい

ピピピッ、ピピピッ……。

朝5時30分。目覚まし時計を止めると、もう一度布団に潜り込む。また朝が来た。外は少し薄暗い。起きて朝ごはんを作らなきゃ、と思うものの、体がだるくて起き上がれない。起きるのがつらい朝がたまにある。あと5分だけ寝かせて……。

まどろみからハッと気づくと、すでに6時。急いで着替え、「起きなさ〜い」と家族に声をかけて、キッチンに立つ。

ハムエッグにサラダ、お湯で溶かすスープ、牛乳、スーパーで買ってきたパン。

身支度を済ませた子供たちが食卓に向かう。

「食べたくない」とぐずる娘。

「ダメよ。ほら、早くしなさい。遅れるわよ」

しょうがないから、市販のゼリーでも食べさせよう。持病のアトピーを痒そうにしているのがとても気になる。

一方、息子の担任の先生から、最近よく宿題を忘れてくるのですが大丈夫ですか、と連絡があった。

「ねえ、お兄ちゃんは宿題、やったの?」

「やったやった、それより今日は帰りに友達の家で遊んでくるよ。じゃあ行ってきま〜す!」

トーストをちょっとだけかじって、家を飛び出していった。本当に男の子ってどうなってるのかしら。私の言うことも全然聞かないし。

そこへ、スーツに着替えた夫が、席にも座らず、「時間がない」と言ってコーヒーだけ飲んでいる。

「今日は付き合いで食べてくるから、夕飯はいらない」

「そう、飲みすぎないでね」

最近、家族があんまり家でご飯を食べてくれないなあ……。中途半端に食べ残された食卓を見てため息をついた。


いろいろ疲れちゃったから、今夜はお惣菜で勘弁してもらおうかしら。

そんなことを考えながらスーパーに向かっていると、ある一軒のお宅から、女性たちの楽しそうな笑い声が聞こえてきた。

窓を覗くと、7～8人の女性に囲まれて、キッチンで笑顔の女性が料理を作っている。

どうやら料理教室みたいだ。

その人が、窓の外から覗いている私に気づいて、にっこり微笑んだ。

慌てて立ち去ろうとすると、窓を開けて「どうぞ！　見ていきませんか」と声をかけてくれた。

＊＊＊＊＊＊＊＊＊＊＊＊＊＊＊＊＊＊＊＊＊＊＊＊＊＊＊

「急に来られなくなった人がいるの、よかったら体験していってください」

そしてその人は、微笑んでこう付け加えた。

「料理には、迷いや疲れを吹き飛ばすパワーがあるの！　さ、どうぞ」

「いいんですか？　お邪魔します……」

私は恐る恐る、家の中に入っていった。

「ようこそ、人生が変わる料理教室へ。ここで伝えているのは、女性の悩みを吹き飛ばし夢を叶えてくれる料理なの」

ゆみこさんと呼ばれているその人がそう言うと、みんなが微笑みながら頷いた。

料理が夢を叶えるってどういうことだろう？　私は、みんなの後ろから、料理が出来上がる様子をそっと見ていた。

人生に満足しない女性たち

どこにでもあるごく普通の家庭の日常。

この本は、そんな物語から始まりました。

主人公は、もしかしたらあなたと重なるところがあるかもしれません。

「足りないものはないはずなのに、満足していなければいけないのに、満足できない。私が求めている、得体の知れない何か、それは何なんだろう」

多くの女性たちがこんな風に心の奥で感じています。

「生活費のためにパートしているけれど、本当はもっとできるはず」

「社会で活躍したいけれど、暮らしもちゃんとしたい、いいお母さんでもいたい。そんな生き方あるのかな」

「主婦業はおろそかにしたくないけれど、もっと自分の能力を発揮できる何かが欲しい」

「私の人生、このまま一生、家族の世話で終わってしまうのだろうか」

「仕事を辞めたい。今の仕事が合わない。でも、仕事を辞めたら収入はどうなるだろう。不安だから辞められない」

「仕事は充実しているけど、家庭がおろそかになっているのが気になる」

「それなりにキャリアを積んできて、気づくと体は不調。検査にも引っかかってしまった。このままいくと、歳とともにもっと悪くなってしまうかもしれない。どうしたらいいの？」

「テレビの健康番組や雑誌、ネットもチェックしている。ところが、ある先生がいいと言っていたものが、ある研究ではよくない結果になっている。いったい何を信じたらいいんだろう？」

「料理は夫、〝食べるの専門〟の私。お総菜とコンビニと外食に頼る食生活だけど、このままでいいのだろうか、と不安になる」

「健康を意識して、毎日の食事には気をつけているけど、制限ばかりでどこか満足できない」

「小さい子供がいるので、動きやすい格好ばかりだけど、本当はもっとおしゃれを楽しみたい」

「誰にも遠慮なく、自由にお金や時間を使いたい」

「子育て、マイホーム、旦那の昇進、幸せだけど、もっと刺激が欲しい」

「今とは違う、自分にしかできないことが何かあるはず。でも、それが何だかわからない」

家庭に入った主婦の悩みも、社会で活躍している女性たちの悩みも尽きません。

これらの悩みの奥には、「ずっと、ここは私の居場所ではない気がする、と感じてきた」「もっと違う人生があるのではないか」という共通の思いが隠れています。そして、「自分らしく生きたい」「ときめいて生きたい」「魅力的な私でありたい」「思いっきり生きたい」「スポットライトを浴びたい」「私を見て！」という思いが心の奥で叫んでいるのです。

実は人は、安定を求めていません。変化こそが生命の本質だからです。

私たちの幸せは、人々と触れ合い、世界と響き合って、進化成長しながら、そのプロセスをめいっぱい楽しむことなのです。

「安定」や「物質的成功」という間違った目標設定が、社会の常識になっていること、それがあなたを苦しめている根本の原因です。

あなたの幸せに欠かせない6つの現実

さて、皆さんは、次の6つの中で、どれか一つでもいらないものはありますか。

1　健康な私
2　魅力的な私
3　経済的な自立

4　良好な人間関係（家庭）
5　やりがいのある仕事
6　思い通りになる現実

そう、全部欲しいですよね。


人間は、この6つが全て叶わない限り、本当に心から「ああ幸せ」とは思えないのです。

特に女性はそうです。

女性は、とても欲張りなんです。

女性の「イライラ」の根っこの原因は、本当は欲張りなのに、それを抑え込んで無いことにしたり、無理と諦めてしまっていることにあります。

女性が持っているエネルギーはとても大きい。だから、使わないと溜まったエネルギーが出ようとして、些細なことでイライラや怒りとなって出てくるのです。

不満も不安も、あなたの中の大きなエネルギーのせいなのです。

欲張りでいいのです。

女性にとって、本当の幸せとはそういうもの。やっぱり幸せな家庭も欲しいし、愛も欲しい。

自分のやりがいも欲しいし、魅力的な私も欲しい。全部欲しいものですよね。それが当たり前の姿です。男性型の、何かを得るために健康も我慢するというのとは全く違う道なのです。

男女平等を実現しても女性の夢は叶わなかった

私が20代の頃は、男女平等を目指して社会に進出することが先進的という風潮が最高潮でした。ウーマン・リブ運動の闘士がマスコミで人気になったりもしました。

「なぜ、女性がお茶くみをしなくてはいけないのか、男もするべき」
「カフェやレストランで食事するのが豊かな生活」
「私たちも社会人なのだから、料理や家事も男性が半分受け持つべき」
「ゴミ捨てや育児も、男も半分するべき」

という意見が取り上げられ、私自身もその流れに乗っていました。男女平等が正しく、それを実現すれば、世界が変わる、女性の望みが夢のように叶う、と思っていたのです。

でも、実際には男女平等はそれほど進んでいないし、中途半端な男女平等による弊害が男にも女にものしかかり、幸せになったとは言いがたい現実があります。

そもそも、男女が同じ生き方をして、同じ役割をになうという意味での男女平等は、この世界の成り立ちから見て、実はあり得ない目標だったのです。

男性と女性は成り立ちや仕組みが全く違う生き物

昔の日本には、田舎に行くと「女子衆宿（おなごしやど）」というのがあって、夜に女の子だけ集まって、みんなで縫い物などをしながらおしゃべりをする風習がありました。お姉ちゃん的存在の女の子から色々教わったり、「あのお兄ちゃんがかっこいい」「誰々ちゃんと付き合ってる」という情報交換をしたりのおしゃべりから、女性として必要な技術や知識を身に付けたりする、女子衆宿は共同体の女の子だけが集う場でした。

男の子にも、「男衆宿（おとこしやど）」があり、夜な夜な男の子だけが集まって、農機具の手入れをしたり、力試しをしたりしていました。自然に性的なことも伝達されて、大人へと成長していきました。

こうした昔から続く仕組みによって、女性は女性に、男性は男性に育っていきました。そして、男女で物事の向き合い方が全然違うからこそ、世の中のバランスが取れるようになっていました。

けれども今は、連綿と受け継いできた知恵が途切れてしまっています。

そもそも男性が作ったものは、女性には合いません。なぜなら仕組みも成り立ちも全く違うからです。男性と女性では生理的に違います。

たとえば、男性の腰は締まっているほうがよく働くのですが、女性の腰はふんわりしているほうがよく働きます。

精子は冷やしたほうがよく働くけれど、卵子は絶対冷やしてはダメ。

よくお正月に寒中水泳の儀式をやったりしますが、冬の海に男性が飛び込むのは、子孫繁栄につながるからです。そして女性の子宮がホカホカと温まっていれば、最高の妊活になります。男性のふんどしは、睾丸を冷やすために工夫された下着です。自然派の女性たちの間でふんどしが流行ったりしていますが、女性の下着には向きません。この例のように、男女平等一辺倒では都合が悪いことのほうが多いのです。

世の中に広まっているエクササイズや健康法の多くは、男性が考え出したものです。だから、女性の生理に逆らうものも多いのです。それを女性が一生懸命実行したら、逆効果になってしまいます。

男性は瞬発力の生命体です。そして子種を提供し、食料を母子にもたらす。基本的にはそういう役割です。現実面では、さまざまな物質を社会に作っていく、あるいは力仕事をする、そういう働きがあります。

一方、女性は持久力の生命体。連綿と命をつないでいく、この世界のお世話役なのです。そして、女性は一定の場所にいて、その場を整える役割があります。命は、地面と環境につながっているので、やはり環境全体と調和しながら場を整えていきます。

女性には、生きる環境を整えたいという欲求があります。

狭い意味では自分の家を整えるという意味もありますが、広い意味では地域を良くしたい。できるなら、この世界全体も整えたい。そんな思いが、女性のベースにはあります。

女性にとっては、家庭も世界も同じく「我が家」なのですから、そこに問題があることは、心地よくありません。

どこかで戦争が起これば心を痛めます。正しくないと思うことを正しいと押し付けられると苦しくなるのです。

でも、自分は何もできないからと、無力感を感じてしまう。

逆に幸せであれば、「自分だけこんなに幸せでいいのかしら」と罪悪感を感じて、無理やり悩みを作ってしまう。

それは、場を整えることに対する女性の本能的役割や欲求から来るものです。

多くの女性が、満ち足りているはずの暮らしの中で、本来の自分ではないような気がしたり、イライラして家族や社会に当たってしまったり、自分に罪悪感を感じるなどの悪循環に陥っています。

これは、本来のあり方と外れた男女平等を目指したために、男女のエネルギーの調和が得られず、社会構造が中途半端になってしまったからです。

そして、男性型に作られた今の社会では、女性にとって、生理的にも成り立ち的にも、違和感を感じるものになっています。

とはいえ、今となってはどう方向転換していいかわからない。そう誰もが悩んでいるのが現状なのです。

最低限やらなくてはいけないことを最高の質で

「どうして人は死ぬ運命にあるのに生まれてくるのか」

私にとって、これが最初の疑問でした。

自分の命がなくなるのがゴール。でも、何の目的で生まれてきたのか？　どうやって生きることがいいことなの？

それを知るために、まずは、どういう世界に自分が存在しているのか、観察してみよう。

そして少しずつ、この世界の仕組みがわかってきました。


この世界はとても良くできていて、無駄がありません。最小の入力で最大の出力のプログラムでしか動いていません。

そして、自分の五感を調律して、直感を研ぎ澄まし、自然界を参考にしながら、現実生活で、どうすれば最小の入力で最大の結果が出せるのかを工夫するのは、真剣だけどスリルと感動に満ちていて楽しいのです。

どんな人にも1日は24時間、そしていつかは死ぬ運命。生命時間をどう使うかは、身分も立場も関係なく全ての人に自由です。

そこに、やらなくていいこと、考えなくていい罪悪感、思わなくていいイライラ、そんな余計なものがいっぱいくっついていたら損だと思いませんか。

だから私はやらなくていいことは全部やらないと決めてみました。最低限やらなくてはいけないことを、最高の質でやって生きることにしたのです。

これが女性の合理性です。

自分がよく知らないことを批判していた私も、物事の仕組みがわかるようになると、さまざまなことが深く理解できるようになりました。

それは特に、料理を始めてからわかるようになったのです。

人は最高性能システムを搭載して生まれてきた

自然界というのは、創造再循環システムです。

たとえば、女性のお腹の中で赤ちゃんが育っていく。こんなすごいシステムが、人間も含めた自然界には備わっているのです。

放っておいても創造再循環システムは動いていく。

けれどもそこにはルールがあります。

私たちにできることは、そのルールを読み解いて、その仕組みがよりよく機能するように生きること、そして、より自分自身が高まることだと思うのです。

その一番の手段が、毎日毎日命をつなぐために食べる食です。この食が、生命界の創造再循環システムのルールと仕組みにかなったものであれば、勝手に健康になっていく。

しかし実際は、私たちはその邪魔ばかりしています。

私たちの今の食生活は、ちょうど透き通った綺麗な川に、コンクリートや障害物を投げてせき止めたり、変な薬品を入れて汚したりしているようなもの。だからそれを、ただ止めればいいだけなのだと思います。


私たちは、いろんな冒険をするために生まれてきたと考えてみてください。

「せっかく生まれてきたのだから、さあ、どんな冒険をしようか。さあ、何して遊ぼうか」

人はこんな気持ちで生きていたのではないでしょうか。

この体は、地球人生を楽しむための車。本当は、最高性能の新車をもらったのです。車も適切なガソリンを入れて、ラジエーターの水を換えて、定期的に点検していれば、ちゃんと動きます。


人間の体は、本来シンプルなはずです。

でも、現代人は信じていない人が多いでしょう?

「この体、明日は壊れてしまうんじゃないかな」

「健康のために何かをしなくちゃ」

昔の人は、そんなふうに思っていなかったのではないでしょうか。


人は、最高性能のシステムを搭載した体で生まれてきました。だから、システムに叶ったケアをして、システムが求めている燃料を入れれば壊れません。病院などで山ほどの人に手をかけてもらわないと健康になれないというはずがありません。

体はとても正直です。切れば血が出るし、食の反応も正直に出ます。自然界を存在させている仕組みがこの体を作ったのですから、体に全ての答えがあります。病気を通して生き方を変える時だと気づいた、人生の転機が来た、今まで考えもしなかったような新しい暮らしをしてみたくなった……そういう時こそ、食を見直すグッドタイミングなのです。

料理と子育ては似ている

夫が忙しくて、家にはいつも子供と自分だけ、という家庭もあると思います。だからついつい「今日何食べたい？」と、子供の好きなものばかり作ってしまいます。

でも、子供が好きなものばかり作っていると、子供にはゴールがなくなってしまい、本当の成長ができません。

大人が食べたい料理を作り、子供はそこから分けてもらうのです。

「これなあに？」

「君には早いよ。まずいと思うけど、食べてもいいよ」

「ほんとだ。大人はこんなものを食べるんだね。自分もいつか食べられるようになるんだ」

そういう食卓が理想だと思います。

この世界の主役は大人です。子供は「すみません、大人の食べ物を分けてください」という存在なんです。


子供に迎合したような「お子ちゃま」な食、お母さんはまるで召使いみたい。そんなふうになってしまわないでください。

自分育てをしましょう。自分を磨きましょう。その結果子育ても叶います。

でも、それはやはり、食が整わないと叶えられません。食が悪いと、脳の回路がしっかりつながらないのです。


料理は、お鍋を火にかけてすぐは慌ただしくかき混ぜたりしません。お鍋の中がちょうどいいタイミングになったら、そこで初めて手をかけるのです。

子育ても同じ。「この子はどんな子なのかな〜」と面白がって眺めていればいい。でもやっぱり、ここぞという時は、人生の先輩として教えなければいけないことはあります。それも、教えるのではなく、「大人はこう生きてるんだよ」と見せればいい。子育てと料理は似ています。どちらも、ほとんどいじってはいけないのです。

「私たちは君を保護するけれど、君は人生の責任を取っていないから不自由なんだよ。責任を取っていくと、こんなに自由になるんだよ」

大人が一所懸命生きていれば、子は自然と育ちます。

食事も子供に合わせないことです。

女性には女性の夢の叶え方がある

「世界は何も私の思い通りにならない」

もしかしたら、あなたはそんな悲しみを心の奥に抱えているかもしれません。

本当は欲しいのに、手に入らないのは仕方がない、人生は思い通りにならないものと自分に言い聞かせながら生きている、そのことが、あなたをイライラさせ、心身の健康を奪っている本当の原因なのです。

そもそも、「思い通り」の方向性が間違っていませんか。

思い通りにする必要のないもの、自然界のルールとして決まっていること、他者の人生、他国の問題等々を思い通りにしようとしても、それは誰にもできません。


私のような戦後生まれは、「女性の自立」が掲げられた走りのような世代です。だから、家事などは瑣末な雑事であり、ご飯を作るだけのお母さんは平凡。私は違う人生を歩むんだと思っていました。私もかつては「どうして私が料理をするのよ」と思っていたものです。

でも、料理を通して、目の前の思い通りになるものを、片っ端から思い通りに動かしていたら、料理以外のことも思い通りにできる範囲が広がって行くという経験をしてきました。

こうして私が食に目覚めたのは30歳の時ですが、「もうちょっと早く料理の本当の意味を知りたかった」と強く思いました。


料理は思い通りになる現実です。

私がニンジンをこういう形に切ろうと思えば、ニンジンは「は～い」と言って、文句も言わずに意図した通りの形になってくれます。

思い通りになる現実というのは、自分の意志で、意図したように、現実を動かすことができること。この練習をする場が料理なんです。

だから、日々料理することで、思い通りになる現実を毎日味わうことができる。これってすごいことだと思いませんか？

だから、料理を始めた人は、どんどん元気になります。

そして、「私は思い通りに現実を動かし、思い通りにやりたいことをやり、健康で、自分なりの魅力がある。そんな私をもっと磨こう」と、前向きになっていく。そして、夢中になれるものに出会えるのです。

女性の幸せに欠かせない6つの現実があることをお伝えしましたが、この6つの夢を同時に叶える方法があるのです。それが料理です。

料理は、直感型、マルチタスク型の女性の能力を目覚めさせ、磨き上げる力があります。だから、毎日の料理に取り組むことは、本来の自分に目覚め、女性としての自分磨きを始めることと同じ。女性にとって、6つの望みを全て叶えるための、必須のファーストステップなのです。

料理はすぐに検証できる自己鍛錬システム

「はい、沸騰したので中火にします。強火のまま野菜を煮ると出し殻になっちゃうのでおいしくない！」

「火弱すぎます、強くしてください、全開です！」

と経験者から言われたら、誰もが、素直に頷き、行動します。

でも、これが生き方だったら、そうはいきません。

いろんな価値観があり、指摘されたことで嫌な気分になったりしますし、怒り出す人もいます。

こうすればおいしくなり、こうしたらまずくなるという絶対ルールを目の前で体験できるのが料理です。

レシピ通りにやれば料理はおいしくできるように、本当は、人生もレシピ通りにやればおいしくなります。

でも人間は複雑なので、抽象的なことを言われてもよくわかりません。

料理は即効性があって、すぐに検証できます。

料理は何回やってもいい。失敗しても、食べてしまえば証拠が残りません。それを積み重ねれば、どれほどすごいことになるでしょう。

だから、料理をしたら、自分がどんどん磨かれる。それを知らないなんて、もったいないなあと思います。

料理は、結果が出るのが早い。だから料理は達成感を何度も楽しめるし、短期間に自分を磨くことができるのです。他のことで成果を測ろうとすると、だいたい長いスパンです。人間関係がうまくいったかどうかなんて、その場ではわからない。

私は料理を、すぐに検証できる自己鍛錬システムとして活用しています。

最近、脳科学の専門家がこんなことを言っています。

「人間は、何か新しいことを始めると幸福感を得る」

それは縫い物でも絵を描くのでもいい。好きか嫌いかも関係ありません。人は何か新しいことを始めると、幸せホルモンが出る。手や体を使うことだと、特に効果的だそうです。そして、始めたことが達成しそうになると、直前にまた幸せホルモンが出て、幸せな気持ちでサクサクできる。

さらに終わった瞬間に達成ホルモンともいうべき分泌物が出て、また幸せを感じることができる。

つまり、何かをやり始めると3度楽しめるのだそうです。

たとえば稲刈りは、刈り出すと幸せな気分になりますが、途中ではだんだんだれてきます。でもあともうちょっとだというところまでくるとスピードがアップして元気が出る。そして、刈り終えると達成感で満たされます。

料理の場合は、できたものを食べる楽しみもあります。家族やお友だちに食べさせると、称賛欲求も満たされます。

何かを始めると3度の幸福感に満たされますが、料理はさらに2回の幸福感がプラスされて、合計5回の幸福感が得られてお得なのです。

エンジョイエイジングという新しい生き方

36年前、講演会で「皆さんの知り合いの中にがんの人が〃いる〃人」と訊くと、100人中2人くらいでした。

でも最近は、「知り合いの中にがんの人が〃いない〃人」と訊くと、100人中2人くらい。状況が逆転してしまいました。

基本的にがん細胞は誰でも持っているものです。

また、患者というのは、新たに病名がついて情報が発表されると、急に増えていくのです。

そもそも、病気の症状というのはだいたい共通しています。熱が出る、咳が出る、疲れやすい……。神経質な人であれば、これが病気の兆候だと言われれば、全部自分に当てはまると思い込んでしまいます。

ある説では、寿命というのは本人が決めているそうです。

ならば、寿命いっぱいまで楽しく生きよう、死ぬ瞬間までは楽しく喜んで生きよう。

だって、心配しても時間の無駄でしょう。

健康な人は、「健康」なんて考えません。

子供は、「さあ、健康になるために何を食べよう？」なんて思いませんよね。もしかしたら今の子供は思うのかもしれませんが、少なくとも昔の子供は、そんなことは思いませんでした。毎日「さあ、何して遊ぶ？」と考えながら、子供はずっと生きてきたんです。

いつの間にか、「健康じゃないのが当たり前。だから健康のためにご飯を食べなければいけない」という考え方が主流になってしまいました。

下降し縮小していく人生しか思い浮かべられず、希望が見出せない。幸せを求めているのに、半ば諦めつつ生きている。多くの場合、歳をとれば不健康になって病気になるものだという思い込みがあります。

それを少しでも変えたいニーズに応えて、アンチエイジングをテーマにした商品が氾濫しています。でも、アンチエイジング、つまり歳を取ることに抵抗することは自然のシステムに反していると思いませんか。

新芽がいつまでも新芽だったら困ります。必ず変化して成長し枯れていつか消えていきます。

「若い」という言葉は、まだ短い年数しか生きていない、歳を重ねていない、ということを表す言葉です。ただそれだけ。

「歳を取る」「エイジング」という言葉も年数を重ねて生きているという事実を表す言葉にしかすぎません。

そして、新芽には新芽の、成長期の葉には葉の、蕾には蕾の、花には花の、実には実の美しさがあります。

自然の法則にかなう生活、特に食生活をしていれば、肉体が消えていく準備のための自然な変化は徐々に起きるけれど、過剰な老化現象は起きません。

私自身は、66歳の今、歳を重ねるごとに視界が開け、知恵が私自身の中に満ち、深くものを感じることができるようになっているのを感じています。

未来食を実践して36年が過ぎましたが、10代のような体力や瞬発力は無いものの、持久力と気力は年々高まっています。髪もツヤツヤで、天使の輪が二重に出るのが自慢です。シミシワも少ないです。ボディラインも崩れていません。

声にも磨きがかかり、包むような声、透き通るような声が私を通って出ていきます。「いのちの泉」というCDも出しました。年々体の使い方が上手になって所作も美しくなり、質の高いエネルギーが私の中からあふれ出しているのを感じます。

歳とともに魅力度を増している私自身を感じる瞬間が増えて来ているのです。

呆けや寝たきり、難病、早過ぎる美しくない老化現象は、ルール違反の食生活と生活スタイルのせい！　本来は、徐々にそれなりの形で美しく減速していきます。

アンチエイジングを跳ね返して、エンジョイエイジングという新しい意識に置き換えるだけで、あなたの人生は大きくシフトします。

そのシフトを現実的に支え、死ぬ瞬間まで自分自身を楽しんで生きる。

そのためには生命力の高まる食事を手料理するのが一番です。

日々決断を重ねて新しい私になっていく

人生を楽しむためにとても重要な力が決断力です。

決断してやることだけに意識を向けると、全力を注げるので、質の良い時間が過ごせる上に、結果の質も高まります。そしてワクワクの気持ちでプロセスも結果も楽しめるようになります。

料理のプロセスは「決断」の連続です。

何を作る
何品作る
どれだけの量を作る
いつ作り始める
いつ買い物する
どの鍋で作る
どの皿に盛る
大皿？　めいめいに？
さあ、どれから作り始める
火をつける、火を止める
混ぜる、混ぜない
塩を足す？　足さない？
いつ調味料を入れる
いつ、食卓につくように声をかける

ずっと決断の連続ですね。

それを食事の回数だけ繰り返せるのが手料理をするということ。

でも、現代の情報の混乱の中では、どうしても迷いながらの料理になってしまい、料理することが大変な重荷になっています。

ワクワク前向きな気持ちで日々を楽しむあなたが生まれる。そんな料理の指針が必要になってきます。

第2章

幸せのヒントはキッチンにあった！
あらゆる人に好影響を与える
ビーガン食生活

「なにこれ、おいしい……」

ゆみこさんの料理教室でいただいたのは、５種雑穀入りごはんとおいしい味噌汁、漬物、おまけにスイーツまで付いた、ハンバーグランチ。

「このハンバーグ、さっぱりしていておいしい！　どんな工夫がしてあるんですか？」

「それ、お肉じゃないの。材料は高キビという雑穀」

「え⁉　お肉じゃないんですか？」

受講生たちはニコニコ楽しそうにうなずき合っている。

「このカスタードクリーム、いくらでも食べられそう！　でも、たくさん食べたらカロリーが気になりますよね」

「これはお砂糖を使ってないの。ついでに言うと、卵も牛乳も使ってないの」

「え〜⁉　じゃあ、なんでこんなに甘いの？」

受講生たちが「これこれ！」と、食材を私の前に出してくれた。

「それは甘酒の甘さ。これはヒエという雑穀で作ったの。実は、今日の料理は全部、植物性のものだけ。つまり、ビーガン料理」

すると受講生の一人が、「ゆみこさんの料理を家で作るようになってから、私の息子の喘息が、いつの間にか出なくなったんです」と付け加えた。

「へェ〜、すごいですね！　じゃあ、娘のアトピーにもいいのかしら。……ところで、ビーガンって何ですか？」

知らないことがいっぱい、頭が追いついていかない！　でも、なんだか惹かれる。


「ベジタリアンという言葉は聞いたことある？」

「はい、菜食主義者ですよね。最近、世界のセレブたちもベジタリアンだというネットの記事を見ました」

「ベジタリアンは世界中でどんどん増えているの。でも、ベジタリアンにもいろいろあって、菜食が中心だけど、お魚は少しいいとか、乳製品や卵は食べるとか、そういう人たちも一括りでベジタリアンと名乗ってる」

「いろんな流派があるんですね」

「ベジタリアンの中でも、動物性の食品を一切とらない、純粋に植物性の食品だけの完全菜食がビーガン」

「なるほど。でも、それって難しそうですよね」

「途中からだけど、今日見てたプロセス、難しかった？」

すごく簡単なのに、出来上がったらコクもうま味もあって驚いたのを思い出した。

「ところで、昔の日本人は何を食べていたと思う？」

「お米……と野菜？」

＊＊＊＊＊＊＊＊＊＊＊＊＊＊＊＊＊＊＊＊＊＊＊＊

「当たり！　とは言っても米ではなく雑穀、お米より前からの日本のごはん、あとは味噌や海草、塩、菜種油。つまり……」

「昔の日本人はビーガンだった！」

ゆみこさんはニッコリ笑った。

「ベジタリアンは海外のものだと思われているけれど、実はビーガンの先進国は日本、そして自然のサイクルにかなったシンプルな食生活で元気に暮らしてきたの。それをアレンジして生まれた料理だから大丈夫、あなたにもできる！」

なんだか勇気が出てきた。

今日は思いがけず良い体験をさせてもらえた。

ゆみこさんにお礼を言って、ワクワクしながら帰宅の途についた。

キッチンはエネルギーの渦巻く創造的な場

物語の主人公は、初めてビーガン料理に触れて、なんだかホッとしていたみたいですね。

実は、キッチンはあなたが考えている以上に創造的な場です。

だって、大きなエネルギーを持った食べ物が全国津々浦々から来るわけですから。たとえば、農家さんが作った有機米。大事に苗を育てて、田んぼに水を引いて、田植えをして、そこにいろんな虫が来て、一所懸命草取りをして、愛情込めて育てて刈り取りして……。全てのヒストリーとともに、このお米が我が家に来たのです。

この人参も、海苔も、キッチンに置かれている食材は全て、とてつもないエネルギー体です。そんな生命を養うストーリーを持っている食材や道具がたくさんあるキッチンにいるということは、高エネルギー場にいるということなんです。

キッチンにある食べ物は、単に栄養の摂取のためだけにあるわけではありません。一番身近な生命の営みなのです。

自然界には物事が変遷する仕組みがあります。

自然界のルールに沿って、自然の法則通りに作ると、すごくシンプルに、簡単に、おいしく作れてしまうものです。

「塩をちょっと入れたら、ぐっとうま味が増した」

「怖がって弱火にしていたからおいしくできなかったんだ」

自然界のルールが、料理をすることで短時間でわかるようになる。そして、何回もトライできる。

キッチンが、宇宙や自然界の仕組みを学ぶ体験の場になる。なんてすごいことだと思いませんか。

こういう気持ちでキッチンに立つのと、「あ〜、今日もまたご飯を作らなきゃなあ。何作ろうかなあ。面倒臭いな〜」と思いながら立つのとでは、出来上がる料理の味もエネルギーも段違い。

生命エネルギーの高い食材を、宇宙や自然界の仕組みにのっとって、ワクワクしながら料理する。

そんな魔法使いのキッチンへ、これからあなたを招待しましょう。

食べ物は肉体だけでなく心と創造力にも影響を与える

食べ物が肉体に影響することは、広く知られています。でも本当は、食べ物は精神にも大きな影響を与えるのです。


人間は、他の動物とは違いますよね。

たとえば、ぬかるんだ道は歩きにくいものですが、人間であればそこに板を渡して歩きやすくするなど工夫をします。でも牛はそんなことはしませんよね。ぬかるみも気にせず泥だらけになって歩いています。

ツバメは巣を作ります。習性に従った一定のパターンの巣を作ることはできますが、人間のように、「他にはない、新しいデザインの巣を作ろうぜ！」とは考えません。

つまり人間は、動物とは一線を画した、創造する生命体なのです。

生きていく力となる肉体と、センサーとしての心、ここまでは動物も持っています。

さらに、創造する意図を持つ、これが人間です。私たちには、意図を持ち、創造に向かって行動する力があるのです。

ですから、人間にとっての食べ物は、心と体と創造力の3つに働きかけるものであることが必要です。

食べ物は心にも相当な影響を与えます。そして、食べ物が良くないと、創造する力も弱くなってしまうのです。創造しようとする意志が弱くなってしまうと、行動しようとしてもできない、ということが起きてしまいます。

「人間としての食べ物」を食べないと、人間ではなくなってしまう。そんなことが言えますね。

人間としての食べ物とは？

歴史上、卓越した軌跡を残した人が実はベジタリアンだった、ということは少なくありません。

芸術だけでなく軍事や医学にも精通したレオナルド・ダ・ヴィンチ、相対性理論を発表したアインシュタイン、インド独立運動に非暴力で活動したマハトマ・ガンジー……。

米ドル紙幣に肖像画が描かれている、18世紀のアメリカの政治家ベンジャミン・フランクリンは、「菜食の軽い食事のおかげで頭脳が明晰になり、理解が早くなって、大変な進歩を遂げた」と言っています。

94歳で没したバーナード・ショウは、80代でも現役の劇作家として活躍していました。晩年、「一生死なないかもしれないとまで思うのは、ベジタリアンだからだろう」とまで言っています。

元ビートルズのポール・マッカートニーは76歳。いまだワールドツアーで2時間のステージを務める現役ミュージシャンです。肉食が環境に与える影響の凄まじさを報告したレポートに触発され、ベジタリアンの彼は、２００９年、動物愛護と地球環境を守るための活動として、「ミート・フリー・マンデー」というキャンペーンを立ち上げました。週一回だけでもお肉を食べない日を設けることで、地球の環境問題緩和に貢献することができるのだと呼びかけています。

人がベジタリアンになるにはさまざまな入り口があります。宗教的な戒律、好みの問題、平和主義、動物愛護、社会的問題への解決……。

確かにノン・ベジタリアンでも功績を残している人はいますし、ベジタリアンでも人生の課題はあります。

けれども、ベジタリアンは体を軽くし、社会に貢献し、人生の可能性を広げるのは確かだと言えるでしょう。

ベジタリアンとビーガン

もともと「ベジタリアン」という言葉は、「元気のある」という意味のラテン語に由来しています。

ベジタリアンの発祥は、19世紀のイギリス。教会の会員によって、肉や魚は食べず、乳製品や卵の摂取は本人の選択に任せ、穀物、野菜、豆類の植物性食品を中心にした食生活を行う運動が展開されました。これが、近代ベジタリアン運動の始まりです。

現在、ベジタリアンと言っても実はさまざまなカテゴリーがあります。食べ方だけでなく哲学やライフスタイルまで細かく分類するとかなりの数に上ります。

植物性食品を中心に乳製品を食べるラクト・ベジタリアン、さらに卵まで食べるラクト・オボベジタリアン、卵は食べるが乳製品は食べないオボ・ベジタリアン、鶏肉や魚介類は食べるセミベジタリアン、植物性食品の他にお魚だけは食べるペスコタリアン……それらも総称してベジタリアンと呼びます。

中でも、肉や魚、卵を食べないだけでなく、牛乳やチーズ、ヨーグルトなどの乳製品、はちみつなど、動物性のものは一切とらないのが、純菜食者、完全菜食者と言われる「ビーガン」です。

ビヨンセやアリアナ・グランデなどのポップスターがビーガンだとさまざまなメディアで目にすることがあります。

様々な流派があるベジタリアンの中でも完全菜食のビーガンは、昔から、特殊な一派という感じで見られていたようです。それが時代とともに変化してきて、ベジタリアンの人、または志す人は、最終段階としてビーガンになることを目指すようになった。このような大きな変化が現在は進行中なのだそうです。

かつて海外のビーガンには、ストイックになりすぎて排他的になる傾向がありました。もともとベジタリアンが宗教的な観点から発展し、動物を殺さない動物愛護運動の一環としてベジタリアンになる人も多かったからのようです。

しかし現代は、動物愛護や環境、宗教という主義にこだわるのではなく、シンプルに自分自身の質を高めるためにベジタリアンを選ぶ人が増えています。そして、「環境にも動物にも優しいからビーガンがいいよね」ということをみんなが理解し始めたのだと思います。

私が訪れたオーストリアのビーガン事情

ヨーロッパを訪れると、年々ベジタリアンが増えると同時に、ベジタリアンレストランのクオリティも高まっているのを実感します。

2018年、オーストリア第二の都市グラーツを訪れました。

街のアイスクリームショップにも、通常の商品の他に、ベジマークとビーガンマークが付いて、ベジタリアン対応がなされ、多くの店で牛乳の代わりに、アーモンドミルクやカシューナッツミルクをオーダーできるようになっていました。

また、宿泊したホテルの前にはビーガン中華レストランがあったり、タクシーの運転手がビーガンだったりと、幅広く浸透していると感じました。

オーストリアで40年前に初めて登場したベジタリアン&ビーガンレストランは、年々売り上げが伸び、ニーズが高まっていて、これ以上応えられないほどだということでした。

首都ウィーンでもいくつかビーガンレストランを訪れました。

一つは、オーナーシェフが、16歳の時に動物を殺して食べることに違和感を覚え、その後日本発祥のマクロビオティックのセミナーを受けたことがレストランを開くきっかけになった、というレストラン。

もう一つは、オーナーシェフが、ある時から肉を食べられなくなり、食べるべきものを食べたいと思うようになって開いたレストランです。アートに仕上げるコース料理はランチで1万円。お客の8割を占めるのはノン・ベジタリアン、ノン・ビーガンの人だそうですが、まともな食材やレストランがあることで少しでも社会にインパクトを与えられるのでは、とオーナーシェフは考えているそうです。

仏教国スリランカのベジタリアン事情

ところ変わって、インド洋に浮かぶスリランカは、かつてセイロン島と呼ばれていたところです。その多くが、かつてインドから渡ってきた仏教徒なので、スリランカ人の多くが菜食です。ただ、16~20世紀初頭まで欧米の植民地支配を受けていたため、キリスト教徒も多く、肉や魚がご馳走という意識も入り込んでいるようです。

とはいえ、出汁や砂糖が入り込むことなく、伝統料理の手料理も残っています。植物性の料理も多彩で、ベジタリアンの生きやすさは現代日本と比べ物になりません。

庶民の暮らしには、地場の食材を生かした伝統料理が健在で、主食は米、赤米、雑穀のラギ。食べ方は多様で、ココナッツミルクライス、薬草粥、ラギ粉を蒸したもの、押し出し式の麺などがあります。

北部の村々では、ラギとうるちアワが伝統の焼畑輪作で、無農薬無化学肥料で栽培されていました。

私が滞在したご家庭は、朝に、夫がココナッツを割り、妻が果肉を削り、ココナッツミルクを絞って、朝食の用意が始まります。数日間の滞在中、基本的な日常メニューのほとんどを作って食べさせてくれたのですが、どれもシンプルでおいしかったです。

穀物や一部の豆、イモ以外は、ココナッツフレーク、ココナッツオイル、ココナッツミルク、緑野菜、ライムなどの柑橘類、フルーツ、ナッツ、スパイスなど、全部木から採れます。一年中何かしら、食べても食べても食べきれないくらいあります。アジアの大地の恵みの豊かさを肌で実感できました。

菜食は世界の潮流になっていく

実際、ベジタリアンは世界の潮流になりつつあります。カルチャーを牽引するポップスターや、世界から注目されるアスリート、また起業家の中にも自らベジタリアンやビーガンであると公表し、注目されている人がいるからです。

また、世界の有名人がビーガン・ビジネスに投資している背景があります。マイクロソフト会長ビル・ゲイツはベジタリアンではありませんが、ツイッター創業者のエヴァン・ウィリアムズが手がけるベジタリアン・ミートの会社に出資し、本物に引けを取らないバーガーパテを作っています。

ゲイツ氏によると、「2050年になると地球の人口が90億になる。そして、畜産によって環境問題が悪化するだろう。よって、食肉は持続可能な食料ではない。ベジタリアン食が環境保全と健康につながるが、ベジタリアン食を全ての人に強要することはできない。そこで、あくまでも本物に近い植物性の材料で肉を作ることにした」ということです。

このベジタリアン・ミートには、ハリウッドスターのレオナルド・ディカプリオも巨額を投資していて、「動物肉から植物ベースの肉に移行することは、気候への影響を減らす最も重要な対策の一つ」とコメントを出し、地球環境や飢餓問題に対する一つの答えとして、ノン・ミートを提唱しています。

また、健康問題にもノン・ミートが一つの答えとしてあります。

2015年、WHO国際がん研究機関では、発がんリスクに関する報告書を発表しました。その中には、「人に対する発がん性があるもの」に加工肉、「人に対しておそらく発がん性があるもの」に畜肉を指摘しました。

そして、加工肉や畜肉、動物性油脂を控えること、その代わり穀物、イモ類、豆類、野菜や果物、植物油を積極的に摂ることを勧めています。

ベジタリアン・ビジネスは、環境面と健康面、そして経済面でも注目を浴びており、今後の世界の潮流になっていくのは確実だと思います。

世界はすでにビーガンの有用性を認めている

「お肉を食べなくて大丈夫なんですか」という質問はいまだによく聞かれます。肉を食べていいかどうかはさておき、肉を食べなくて大丈夫かという時、はっきりとこう言えます。

肉は食べなくても大丈夫なんです。

世界ではもはや当たり前になってきています。
実際、アメリカの栄養士会は、２００９年に次のような公式声明を出しています。
「適切に準備されたベジタリアン食（完全菜食、ビーガンを含む）は、健康的でかつ栄養学的に適切であり、ある種の病気に対する予防や治療に有益であるというのが、米国栄養士会の立場である。適切なベジタリアン食は、妊娠中、授乳中、乳幼児、思春期、青年期、老齢期、そして運動選手を含めて、全てのライフサイクルにおいて適切である」

欧米を中心とした医学研究では、植物性食品を多く摂取する人々やベジタリアンには、がんや心臓病、脳卒中などの生活習慣病が少ないことがわかってきています。

実は、米国栄養学会は最初からベジタリアン食を認めていたわけではありません。1950年代はベジタリアン食を認めていなかったため、菜食を主とするアドベンチスト病院での、栄養士の実習も認めませんでした。

それが、1970年代になると見解に変化があらわれ、「ベジタリアン食でもよい」となり、1990年代になると、「ベジタリアン食の方が健康的である」と大きく変化したのです。

さらに2016年には、米国・栄養食料アカデミーが「植物ベースの食事は、動物性食品を多く含む食事に比べて、より環境的に持続可能であり、環境に与えるダメージは非常に少ない」という声明を出しています。

実際、世界中でベジタリアンやビーガンは増えています。

ビーガン先進国イギリスでは、2006年からの10年間でビーガン人口は3.5倍に増え、約54万人に達すると報告されています（英国ビーガン協会発表）。

世界の食のトレンドは、全員がそうなるかは別として、ビジネスの分野でも、栄養学の分野でも、方向性として菜食に向かっています。それを日本が取り入れない手はないですよね。

日本も徐々にベジタリアン対応へ

昨年の日本ベジタリアン学会の研究発表によると、この14年間で、日本におけるビーガン人口は20倍に増加したという結果が公表されました。

大阪市立大学大学院の研究グループによると、2017年、首都圏、京阪神の大学生、大学院生のビーガン人口の割合が4%となり、2003年の調査から14年間で20倍も増加したという結果を発表したそうです。

実際、日本のベジタリアンもしくはビーガンは4・5%前後と言われています(frembassy.jp/news-post/vegetarianmarket)。

現状では、ほとんど都会に集中しているようです。

日本政府観光局発表では、2017年の訪日外国人は2809万人。そのうち、ベジタリアンが約4・7%ほどいるそうですが、日本国内のベジタリアン対応が遅れていて、訪日観光客はコンビニのおにぎりを食べてしのいでいるのだとか。

しかし、2020年には東京オリンピック・パラリンピックがあります。ベジタリアン対策も急務と言われています。

グローバルな展開をしている有名ラーメン店でもベジタリアンメニューを出すようになっています。また、自治体などでは、訪日外国人向けのベジタリアン・レストランガイドも作られているようです。

東京オリンピック・パラリンピックが要因としてありますが、それ以上に、大手の商社や飲食系の企業も、時代が菜食に向かっていくだろうと嗅ぎ分けているのです。

2008年あたりから、ベジタリアン市場は確実に伸びていくと言われており、あと10年ほど経てば確実に市民権を得ていくことが予想されます。

これからの日本は、さらにベジタリアンやビーガンに開かれていくでしょう。

もともと日本はビーガンの国だった

世界より20年遅れていると言われる日本。

でも、遅れているのではありません。実は日本は世界最先端のビーガン食の国です。争いのなかった縄文時代も基本は穀物を主食としていました。

日本では、飛鳥時代（7世紀）に最初の肉食禁止令が発布されて以来、明治になって禁が解かれるまでの1200年にわたって、肉食を穢れとして忌避する文化が醸成されてきました。そのため、食用に家畜を飼育することはありませんでした。

実際は、肉食禁止令が出る前から、日本の庶民の食生活は、もともとビーガンだったのです。穀物を中心に、味噌や野菜、海草を食べて、元気に畑仕事をしていました。

南北に長い日本は、南のほうはアワ、北のほうはヒエといった、穀物を中心に食べてきました。

確かに近海や淡水で取れる魚介類も一部では食べられていましたし、禁忌とされてきた肉食も、江戸時代には牡丹鍋、桜鍋などと称して薬食いをする習慣はありました。けれども、近代になるまで常食されてはいませんでした。

開国後の明治32年（1899）に日本の東北地方を旅したイギリスの女性冒険家イザベラ・バードの著書『日本奥地紀行』には、「農民に食用に鶏を売ってくれと言うと、そんなかわいそうなことはできないと泣いて嫌がる。それだけが唯一の悩みだった」という内容の記述があります。

日本では、鶏はあくまでもペットであり、食用ではありませんでした。50年前まで雑穀が主食の自給生活が残っていた東北の山村では、牛の飼育を仕事にするようになっても肉を食べる習慣はなく、雑穀をはじめとする穀物が主体の菜食が生活の中心として続いていたのです。

日本で生まれ、日本の風土に合った庶民のための食システム、日本伝統のビーガン食は、パワフルなのです。

人は7年で体の細胞が総入れ替えする

私の経験では、7年くらいビーガンを続けると、便の臭いが一切しなくなります。未消化のタンパク質がないので、アンモニア系の匂いがしないのです。

最初は本当かなと思っていたのですが、自分の身で試してみて、本当だということがわかりました。

昔の農業は糞尿を肥料として使っていました。

現代人は嫌かもしれませんが、私の祖父も、肥溜めを担いで畑に撒いていました。

肥溜めって臭いと思うでしょう？

でも、動物性の食べ物を取らなくなってみて、昔の肥溜めは全然臭わなかったことを知りました。


生理学では、7年で骨の髄まで入れ替わると言われているそうです。いわゆる新陳代謝です。毎日1兆個程度、体の60分の1くらいの細胞が死に、また血液から新しい細胞が作られているのだとか。

これまでの定説でいえば、全身の細胞が60兆個とすると、2ヶ月あれば総入れ替え、そして骨の髄まで入れ替わるのが7年。

細胞によってそのサイクルは違うのですが、3ヶ月くらいすれば、相当体が変わります。脳も変わります。

3年経てば、別人のようになる。

その体を作っていくのが食なのです。

第3章

女性の望みが叶う魔法！人生を奏でる未来の食スタイル

その夜、子供たちが寝静まったあと、一人パソコンに向かった。ネットで調べると、とりあえず、玄米菜食は体にいいらしいということがわかった。明日から、卵もお肉もお魚もやめる。添加物や砂糖はよくないので、甘いお菓子もスナックも封印。子供には果物やナッツを食べさせることにしよう。

それから、レシピアプリなどを駆使しながら、「なんちゃってビーガン」をスタートさせた。

朝、頑張って食卓に並べたのは、玄米ご飯に味噌汁、お豆腐、梅干しに焼き海苔、番茶。子供も夫も珍しく完食してくれた。

そうか、みんな本当はこういうご飯が食べたかったのね。じゃあ明日も頑張ろう。

日々の食事作りに少し自信が出てきたのだった。

そうして「なんちゃってビーガン」を続けて数ヶ月。気づくと、娘のアトピーが良くなっている。やっぱり玄米菜食はすごいんだ。

私もスリムになって、昔のデニムが入ったのだ。なんという奇跡。

食と体はつながっている。

＊＊

ある日の午後、子供たちとスーパーに買い物に行くと、お菓子売り場の前で困ったことが起きた。息子がぐずってその場から離れないのだ。

「お菓子買って！」

「ダメよ」

「買って買って！」

「体に悪いからダメ！」

そんなやりとりを続けていると、だんだん周りが気になってくる。ついに根負けして、甘いお菓子を買い与えてしまった。自己嫌悪に陥る。

その夜、遅く帰ってきた夫の夕飯を用意していると、耳を疑うことを言われた。

「オレ、やっぱり肉を食べないと元気が出ないよ。それから白飯が食いたい」

思ってもいなかった一言に、私はその場で凍りついてしまった。

私だってこんなに頑張ってるのに……。私は「わかった」と言うと、翌日から夫だけ別メニューとなった。

ある日、家族揃って食卓を囲んでいた時、今度は息子の口から衝撃の一言が発せられたのだった。

「僕もお父さんが食べてるお肉が欲しい」

✻✻✻

私は自分の顔色がさっと変わるのがわかった。あなたたちのために頑張っているのに！それがわからないの⁉

「そうだよな、男の子だもんな」と息子に加勢する夫。

今度は娘が、「お母さん、友達の家で食べたプリン、おいしかった。お母さん、作って」と言い出す始末。

私だって甘いものを我慢しているのに！

「ダメよっ！」

思わず感情的になってしまった。

「お母さん、ずっとカリカリしてる。怒ってばかりで怖い。もっと優しくして」

息子が言う。

はっとした。そういえば、最近、ものすごくイライラするのだ。それに、痩せたのを通り越して、げっそりしてきて、体に力が入らない。なんだろう、これ……。

「おい、お前、大丈夫か！」

夫の声が遠く聞こえる。

私は急に目の前が暗くなり、その場に倒れ込んでしまった。

「貧血ですね」

夫に言われてしぶしぶ行った病院では、栄養不足と診断された。

その日からまた我が家は再び以前のような食卓になった。卵やお肉、お魚が並び、スーパーで購入したパンもマーガリンも戻ってきた。後戻りするのはいとも簡単だった。何よりショックだったのは、以前の食事を自然に受け入れる家族たちだ。

「私って無力だな……」

玄米菜食から遠ざかろう。普通の食事で十分じゃない？

そう思っていると、なぜだか足が、あのゆみこさんの料理教室に向かっていた。門には「未来食　つぶつぶ料理教室」という看板がかかっている。そんな名前だったんだ。初めて気づいた。

今日は料理教室は休みらしい。ぼんやり教室の窓を眺めていると、中からゆみこさんが出てきた。

「あら、いらっしゃい。どうしたの？　顔色が悪いけど、大丈夫？」

「うわ〜ん！　ゆみこさん！」

私は思わず泣きながらゆみこさんに抱きついてしまった。

「あらあら。どうぞ、中に入って。ちょうどアワ粉と甘酒のビスケットが焼き上がったところなの！」

こうして私は、再びゆみこさんに甘えてしまったのだった。

日本の伝統食と最先端生命科学を融合させた「未来食」

伝統的に日本人の食卓はビーガン食でした。

明治の文明開化があったとはいえ、庶民は基本的に、ご飯と味噌汁と漬物を主とした昔ながらの食事をしていました。

ところが、1950年代から、日本の食卓は徐々にマヨネーズやケチャップ、卵やバター、コンビーフやチーズ、ハム、ソーセージなど、それまで日本人が見たこともないような加工品や、添加物、肉類などに侵害されていきました。

1980年になってくると、一般家庭の食事もかなり欧米化し、みんなが「豊かさ」と勘違いした食生活を謳歌するようになります。その反動のように、海外から入ってきたベジタリアン食に注目する人もいました。ただ、そのベジタリアン食で命を縮める現実もありました。

食の世界がおかしい。

当時デザイン会社を立ち上げ、数々のヒット作を連発していた私は、1982年から、日本の伝統食とは本来どういうものだったのかを探り始めたのです。

昔の農村地域では、女性でも米俵を何俵も担ぐことができました。肉も食べないビーガン食だったのに、どうしてそんな力が湧いてきたのでしょう？

そこで知ったのは、昔の日本人がたくさん雑穀を食べていたことでした。

また、先端生命科学の視点から、「食と命のルール」があることも知りました。

日本人に理想的な食のバランスがある。

こうして30年以上前にまとめあげたものが「未来食」です。


未来食には、5つの特徴があります。

1　未来食はとにかくおいしい
2　未来食は植物性100%のビーガン料理
3　未来食で「食と命のルール」が理解できる
4　未来食を学び実践すると生き方も学べる
5　未来食は女性エネルギーをひらく

それでは、さらに詳しく見ていきましょう。

未来食はとにかくおいしい！

「おいしくなくっちゃ栄養にならない！」

というのが、未来食の一番のメッセージです。

つぶつぶ料理教室で、未来食の料理をむさぼるように食べる、それまで食が細いと思っていた子供の姿に感動して、真剣に実践し始める人がたくさんいます。

おいしさというのは、

「この食べ物はあなたの体に合っているよ！」

というサインです。


実は、料理は、味付けではなく、体に合うように食材を組み合わせ、栄養や生命エネルギーを調和させるためのプロセスなんです。

生のお米は食べにくいしおいしくないけど、水と火と塩を加えて炊くとふっくらおいしくなります。そして、その状態が体にとってベストだということは赤ちゃんでもわかります。そして、さらなるバランスを求めて塩分を欲しがります。

本来、動物は、それぞれの味覚にとっておいしいものを選び食べることで体を守るように作られています。人間も同じです。もしまずいものが体に良いということで始まったら、動物は死に絶えていますよね。

人間には、料理することによって新しいおいしさ、つまり調和したエネルギーを自ら生み出す能力が備わっています。

料理は人間の特権なんです。

未来食の料理法は、単なる味付けではなく、エネルギー創造術であり、調和術です。

自然界の仕組みと体の仕組みに合った食術それが未来食です。

だから、理屈を超えて、世代を超えて、好みを超えておいしいと感動するのです。

未来食の料理を、おいしい、おいしい、と食べていると、体に悪いのに添加物や刺激的な味付けでごまかした料理をおいしいと感じなくなります。

舌のセンサーがちゃんと機能するようになるからです。

だから、ムリしなくても、未来食以外の食べ物を食べる頻度が減っていきます。そして、家族が未来食を喜んで食べるようになります。

頑張らなくても続くのです。

脳科学的にも、人間は、「おいしい！」とか「うれしい！」などのポジティブな感動を感じている時に血液が浄化され細胞が活性化されることもわかっています。

「ああ、おいしい！」と手放しで毎日の食事を楽しんで、美と健康がおまけについてくる料理、それが未来食なんです。

まずい料理では、それがどんなに無添加でも、砂糖なしでも、ビーガンでも、体調を低下させてしまいます。

料理は音楽と同じ

料理は音楽です。

ハーモニー、リズム、ビート、メロディ、全部料理に必要です。

音楽に「音階」があるように、料理にも「味階」があります。音も、目に入ってくるものも、触るものも、感覚というのは全部振動なんです。言ってみれば、この世界は全部音楽。味覚も音楽、料理は音を奏でることと同じです。

だから、調和した食事をとると、すごく嬉しくなるのです。


調子の外れた音が健康に良いと思っている人はいません。

音は、調和しているかどうか、誰でもわかります。流石に音の取れない人は、人前で歌いたくないと思います。


でも料理は、外れているのがわからないから、多少ずれていても人前に出せてしまいます。

そして、おいしくなくても健康にいいと思えば食べられます。


でも本当は、外れた音を奏でる料理はすぐわかります。

おいしくないのは調和していないからです。体に良いというデータで作られたものでも、まずければ意味がありません。まずくて体に良いことはないからです。もしまずいものが体に良いということになってしまったら、人間は困ってしまいますよね。

おいしいものを食べたいと思うのは正しい衝動です。

でも、おいしいふりをして、実は体を壊す食べ物があるのも問題です。

本当においしいもの、それを見分けることができたら、そしておいしい「味階」を奏でることができたら、人は真に幸せになれるんです。

未来食は植物性100％のビーガン料理

ビーガン食の中でも、日本で生まれ、日本の風土に合ったものが、まさに「未来食」です。

未来食は、穀物中心の自然の恵みを取り入れた食事です。

自然から作られた「穀物」「海の塩」「こうじ発酵調味料」「乳酸発酵漬物」「旬の地野菜」「海草」「種子や木の実」「植物油」「乾物」「浄水とほうじ番茶」という10種類の食材を組み合わせます。この10種類を質にこだわって手に入れ、毎日食べることで命が蘇ります。

しっかり穀物を食べて、良質の油と海の塩をきちんととり、少しの野菜や海藻さえ食べれば、人間は生きていけるのです。

穀物の旨み、質の良い油、ミネラルの豊かな塩が複合したおいしさは、飽食の現代人も満足の料理です。

未来食を学べる「つぶつぶ料理教室」は、日本ベジタリアン学会の指定校になっています。

未来食を学べば、自分の健康も家族の健康状態も良くすることができます。さらにそれに仕事として関われば、身の回りの人、多くの人たちを健康にしていくことができます。

食の仕事はなくなりません。今後広がっていく分野なので、食を仕事にしたいなら、学ばないのはもったいない。

未来食で「食と命のルール」が理解できる

未来食は、「食と命のルール」をベースにしています。

それさえわかれば、何を食べてはいけない、という制限はありません。

19世紀末から20世紀にかけて、生理学の分野では、「命のメカニズム」と「食の生理的重要性と役割」が少しずつ明確になっていきました。

一方、古来、東洋における「陰陽理論」のように、世界中で経験的に活用されてきた生命エネルギー理論というものがあります。近代に入り、しばらく迷信として切り捨てられていましたが、物理化学や量子力学の進歩によって、ようやく再評価されるようになりました。

残念ながら、こうした成果は私たちの命を守る指針とされる栄養学には取り入れられませんでした。


バラバラに発展してきた生理学と物理学の2つの健康指標は、アメリカの研究家ヘルマン相原氏によって、1972年に新しい食生活の健康指標として統合されました。これが「食と命のルール」です。


「食と命のルール」は、「酸性とアルカリ性の生理的バランス」と「陰と陽のエネルギー的バランス」をとること。

体の機能が健全に働くためには、アルカリ性の食べ物を常に補給して、体内のミネラルの量と比率を一定に保つのを助けなければなりません。

そして、ナトリウムとカリウムのバランスを、収縮力の勝ったやや陽性の状態に食事を保てば、一番快適に人間の体が機能するのです。

この「食と命のルール」を、私はもっと視覚的にわかりやすくしたいと思うようになりました。そこで生まれたのが、「食と命のバランスシート」です。「食と命のバランスシート」について英語の論文を提出し、日本学術会議に登録している日本ベジタリアン学会において受理されました。口語訳は電子書籍になっています。

「食と命のバランスシート」は、「酸性とアルカリ性の生理的バランス指標」を横軸に、「陰と陽のエネルギー的バランス指標」を縦軸にとったマトリックス。

この「食と命のバランスシート」に日本の伝統食を当てはめてみると、「生命のサークル」が出現します。

日本人の生命を連綿と養ってきたのは、エネルギーバランスの整った中性の食べ物である「穀物」を中心に、陰性でアルカリ性の「野菜」「海草」を、陽性でアルカリ性の本物の「塩と味噌」で調理したおかずと漬物を取り合わせた食事でした。つい最近まで、人間は自然に陽性・アルカリ性に保つ食生活をしていたことがわかります。それこそが、日本古来の、日本人に合ったビーガン食です。

今度は、現代人が日常的に食べている食事を、「食と命のバランスシート」に当てはめてみると、化学物質と、酸性と極陰性に偏ったブーメラン型になります。漬物や味噌汁を毎日とっているといっても、化学的に作られた調味料や、化学肥料で人工的に栽培された野菜は、酸性食品になってしまいます。

現代は、過去のどの時代よりも、ミネラルたっぷりのアルカリ性の、そしてエネルギーバランスのとれた生命力が必要です。

食べ物と命の本当の関係を知らず、食習慣全体の見直しもせずにただ肉をやめるだけのベジタリアンは、現代食に疑問を持たずに食べている人々よりも非常に危険です。たとえ肉食をやめたとしても、ジャンクフードや砂糖を食べ続けると、体を冷やし、機能を麻痺させる食べ物に偏ってしまうのです。

食の構造を知ることは生命を大切にすることです。体と自然界の仕組みとリンクした食事をしているだけで問題はなくなり、健康不安がなくなります。

こうした古来の知恵をベースに、現代的なレシピを開発し、日々の食生活を飽きずに調整できるようデザインしたのが未来食です。

未来食を学び実践すると生き方も学べる

たった1本のニンジンからメインディッシュができたり、1本の大根で何種類もの料理が作れたり。未来食を実践していると、この世界がいかに豊かなことかと驚嘆します。

『野菜だけ？』という私のレシピ本を見て料理したベテランのママさんたちからこう言われることがよくあります。

「私は今まで、野菜というのは味がないと思っていたので、何か味付けをしたり、特別な調理をしないとダメだと思っていろいろ手をかけてきました。でも、そんなことをしなくても、野菜は本来こんなに味わい深いものだったんですね。本当に野菜に失礼なことをしていました」

人生観が変わった、と言うのです。

ベテランママたちは、きっかけとして、最初は、娘さんから未来食のレシピ本をもらうケースが多いのだそうです。

見ると、レシピや使う食材があまりにシンプルなので、「こんなのでおいしくなるはずないじゃない」と、しばらく放っておくんですね。

それがある時、ふと思い出して、レシピ本を見ながらいくつか作ってみると、

「あれ？」

それから次々作り始めて、

「あれあれ？　なぜ？　おいしい！」

こうして、食材に対して全然違う概念になっていきます。未来食の料理をしているだけで、気づきを得て、物の見方が変わってしまうんです。

未来食は、ただの作業でもなく、手の込んだ料理をすることに目的があるわけでもありません。

だって、料理は本当のところ、あなたがやっているのではなく、火と鍋がやってくれるのですから。そして、何が起きているかは把握しておく。ここぞという時に蓋を開けて、仕上げていくのがあなたの役目です。

そして、料理をしているうちに、どんどん自分が変わっていきます。実はレシピに、このシステムが仕込まれているのです。

「私はダメだから学ぶ。健康じゃないから健康になろう」

そう思って未来食をやるのは、初期設定を間違えています。未来食は、食で病気を治そう、

というシステムではありません。

私は、一度も大病をしたことがありません。健康のために食を探求したのではなく、人間として最高に、環境や自分という体を生かして生きるにはどうしたらいいかということで、未来食を始めたのです。

小さな子供は、興味があるから動き、動いているうちに、成長してしまうもの。学びたいから学び、自分が成長していくのが楽しいから成長するのですね。

「今日何食べよう～」「わ～、おいしい～」の連続だから、心配をしなくなって、元気になるんです。

体が変化し始めると、勘のいい人は料理で学んだことをいろんなことに応用し始めます。料理はこんなにシンプルなんだ、というところから、生き方が楽になりました、と、実感する人も少なくありません。

とにかく、みんなが悩んでいる解決のツボが未来食には全てある。食を変えて料理しているだけで、相当人生が変わります。

最初のきっかけは自分を変えたい、幸せになりたい、かもしれません。

未来食をやりたくなって楽しんでいるうちに、自分でも想像できない現実が次々に開かれ、欲張りな夢を実現しながら自立していく。本当にあなたは何だってできます。安心して自分の夢に邁進できるんです。

その生き方が学べるのです。

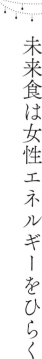

未来食は女性エネルギーをひらく

未来食の真のテーマは「女びらき」、女性エネルギーを、自分の中で、そして社会の中でひらくことです。

この世界を成り立たせている2つのエネルギーのうち、女性エネルギーが欠けた食生活によって、体と心のエネルギー的バランスが崩れていることが、あなたの不快感や得体の知れない不安や悩みの根っこの原因です。

でも、未来食の料理をしていると、それが理解できる人になります。なぜなら、調和のとれた穀物を中心に食べる、女びらきの食べ物だからです。

穀物には人間の創造力を助ける力が入っています。

旧約聖書の最初にも書いてあります。

「(神は)動物には青草を、人間には草になる実をお与えになった」

木になる実ではなく、草になる実、つまり穀物です。ですから、人間は当たり前のように、穀物を食べる生き物なのです。

日本人はお米に支えられてきたように思われていますが、お米が入ってきたのは弥生時代。歴史的に見るとそれほど昔ではありません。

そして、沖縄から北海道に至るまで、日本人全員がお米を食べるようになったのは昭和30年代以降のことです。昭和40年代でも、雑穀しか食べない人はまだまだ大勢いました。

お米が入って来る前からつい最近まで、日本人は雑穀を食べていたんですね。

人は自然環境まるごとのエネルギーが調和した雑穀を食べることで、人間としての心身の調和を保つことができ、創造の力を発揮することができます。

未来食を料理することを「つぶつぶクッキング」と呼んでいます。「つぶつぶ」は、エネルギーに満ち個性豊かでパワフルな雑穀たちに、私がつけたニックネームです。

動物性の食べ物や人工的な食べ物は男性エネルギー過多、だから、長く続けると、心身のバランスが崩れます。

女びらきの土台は、雑穀を食べることで、現在男性エネルギー過多になってしまった心身のエネルギーバランスを取り戻すことです。

未来食を食べていると、あなたの中の女性性がひらかれて、直感が冴え、世界の見え方が変わって、自然に悩みが消えていきます。そして、自信と行動力と包容力のある新しいあなたが現れてきます。

未来食はシステム通りにやればうまくいく

未来食の料理は、レシピ通りに作れば、必ずおいしくできるようになっています。

つぶつぶクッキングは食材も作り方の手数も、最小の入力で最大の結果が出るように組み立てた、30年以上好評を得ているもの。これさえやっていればうまくいくというレシピなので簡単にできます。

だから、料理に苦手意識を持っていた人も、未来食を実践し始めると、「料理大好き」になります。

未来食はやってみる価値があります。

なぜなら、食べていくうちにこんなにたくさんの良いことが起こるからです。

♪料理することと食べることが楽しくなる
♪医療に費やすお金、時間、不安が消える
♪生理不順、冷え症、便秘、花粉症などが解消される
♪妊娠、出産、子育てが、らくちんになる
♪体のストレス、心のストレスに強くなる
♪呆け、寝たきりへの不安から解放される
♪環境と食の汚染に対する抵抗力が高まる
♪家族みんなが、喜んで食べるようになる
♪家族や友だちの健康と幸福を応援できる
♪イライラがなくなり心が穏やかになる

料理の時間が最高の遊びと学びの時間になり、体調のことや病気に煩わされることがなくなって時間長者になれる魔法のような食システムが未来食です。

夢を叶える一石六鳥の方法

何度も言いますが、誰もが本当に望んでいる6つのこと、それは、

1　健康な私
2　魅力的な私
3　経済的自立
4　良好な人間関係・家庭
5　やりがいのある仕事
6　思い通りになる現実

普通なら、6つの中から1つずつ取り組まないと実現しないと思うでしょう。だからみんな幸せになることを諦めてしまうんです。

だったら、6つ全部を一度に叶えてしまえばいい。こんな魔法みたいなことができるんです。

シンプルなのにおいしく作れて、家族みんなが満足してくれる。

未来食つぶつぶクッキングは面白いので、学んで実践し始めると、どんどん料理をするようになります。こうして、一度に「やりがいのある仕事」と「思い通りになる現実」が手に入ります。

未来食は食と命のルールにのっとった食事なので、そのうち「健康な私」が手に入ります。やがて少しずつ自信がつき、おしゃれをするようになり、「魅力的な私」に変化し始めます。夢中になり、一所懸命やっていると、意識が自分に向き始めます。すると、家族に余計なちょっかいを出さず、ヒステリーも起こさなくなります。

夫が別人みたいに優しくなった。学んで実践する人は皆さんそう言います。

でも本当は、夫が優しくなるわけではなく、雑穀中心の食事で心が穏やかになり、自分に夢中になれるものが見つかったので、自分がケンカの種を作らなくなっただけなのです。だから夫が優しくなったように感じるんですね。

そして、お母さんが一所懸命やっていると、子供にも魅力的に映るから、子供も変わってきます。八つ当たりされなくなるので、子供のストレスがなくなり、自主的に自分のことは自分でできるようになり、お手伝いも自分からやるようになります。

自分が変われば「人間関係」は全部変わります。未来食の料理に変えると家庭円満になる、という話はもはや受講生の間では定番です。

そして、自分のやりたいことが見えてきます。それを仕事にしてしまえば「経済的自立」が叶うのです。

未来食で、脳のコンピュータ回路が正常に流れるようになります。

ドライブをするにも、整えた車でなければ楽しめない。そして、車を整えると、運転したくなります。もっと遠くへと足を伸ばしたくなります。

食を変えることでシステムが整ったら「さあ、次は何して遊ぶ?」次のステージが見えてくるのです。

私たちという存在がエビデンス

本屋さんに行けば、料理コーナーは必ずあります。料理を楽しんでいるインタビューもいっぱいあります。しかし、どこかのソースを買ってきて組み合わせればいい、外国のものを取り入れてやればいい、というものが大半です。

そして、科学の名のもとに数字や理論で組み立て、人間の生理や感性を無視した内容の食に関する本がたくさん出まわっています。

未来食はそれらとは、一線を画する食であり、料理術です。

日本の伝統食を研究し、現代の生命科学の観点から見て、構築したのが「未来食」です。未来食は、日本の風土と日本人とが響き合って工夫してきた食の知恵と技から生まれた食だから、本当に日本人の体にも、繊細な日本人の舌にも感覚にも合うのです。

1日に30品目食べなければいけない、おかずが3品以上なくてはならない、タンパク質をもっととらなければならない、と多くの人が思い込んでいますが、タンパク質が実はアレルギーの原因になっていることも多いですし、1日に30品目を毎日バランスよく食べるというのは現実的ではないと感じる女性も少なくないのです。

実際のところ、私は30年以上前から未来食を続け、5人の子供たちを未来食で育てました。未来食を学んだ多くの人々が、未来食で妊娠、出産、子育てをしています。未来食を実践する前よりみんなはるかに元気ですし、子供たちもエネルギーいっぱいです。私たちという存在がエビデンスのようなものです。

未来食は、成長しようとするエネルギーがいっぱい詰まった穀物をしっかり食べるので、その結果、生命力に溢れてくるのです。

だから、ただ栄養素を摂っているのではありません。未来食は本質的な食なのです。現代人が求めていた深いエネルギーがあるので、未来食を初めて食べると泣き出す人もいます。誰もがニコニコし始め、体からエネルギーが湧き出してくるのを感じるようになります。そして、取り巻く世界の見え方が変わり、人生が大きくシフトするのです。

「真面目に正しく」から「伸びやかに楽しく」へ

お母さんたちの中には、ちゃんと毎日料理は作っているけれど自信がないという方が大勢います。

離乳期の子供を持つお母さんは、「いくら自分が作っても、子供が食べてくれないので作り甲斐がない」という声をよく聞きます。

自分でも「あんまりおいしくないかもしれない」と思いながら家族に出していることもあるでしょう。

「もうちょっとおいしいものを作れるようになりたい」
「安心で安全でいいものを、ちゃんと食べさせてあげたい」
「ちゃんとやってるつもりだけど、料理が苦手という気持ちが払拭されないからちゃんと習おうかな」

そう思うのは自然なことです。

未来食つぶつぶクッキングは、全国の「つぶつぶ料理教室」で習うことができます。中には、習いに来る前に、レシピ本だけを見て作る人も結構います。

ハードルの高い「タカキビハンバーグ」から始めてしまうことが非常に多く、頑張ったのに、家族においしくないと言われてしまうパターンが多いようです。それで自信をなくし、「未来食は私に合わないんじゃないかな」と諦めてしまうのです。

未来食は現代食とは真逆とも言えるルールでできているレシピです。現代の一般的な料理の技術と、未来食の料理の技術は、別物と考えたほうがうまくいきます。

ところが、初めて作る料理をゴールもわからず作ると、「料理とはこういうものだ」という思い込みが邪魔をします。

お肉のハンバーグと穀物のハンバーグはそもそも中身が違うので、扱いを変えないといけません。レシピには書いてあるのですが、いつもの癖で、「こんなに油を入れるはずない」などと、ちょっとずつレシピを変えて作ってしまうと、残念な結果になってしまいます。

そんな人も、ちゃんと習ってみると、おいしく作れるようになります。すると、「未来食なんて絶対食べない」と言っていた家族が、食べてくれるようになるんです。

そして未来食は、理屈を知らなくても、料理法を習って楽しく作っておいしく食べていれば、効果を発揮します。

ただ、思考型の知識偏重教育を受けている現代人は、理論の部分を知らないと、なぜ未来食をやるのか確信が持てないので迷いが出てしまいます。それで、Scene1からScene3に分かれた未来食セミナーのプログラムを創りました。

人の体は、ガソリンが切れたら止まってしまうようなものではありません。もっといろんなバックアップ機能があるし、変なものが入ってきても排出する機能があります。ですから、体の本来の力を信頼することです。

こういうふうに食べていればいいという基本があり、そこに立ち返りさえすれば完璧なんだ、というルールがわかってもらえれば、制限を感じずに、楽しんで料理をすることができて、食生活を見直すことができます。そして、情報に振り回されたり、新しい情報を求めたりする必要はなくなるんです。それを伝えているのが未来食セミナーです。

セミナーに参加して、「あ〜、そういうことか」と納得してしまえば、知識は全部忘れてもかまいません。川の向こう岸に行くためのセミナーなので、着いたら筏はいらないでしょう。

そして、つぶつぶ料理教室で料理のプロセスの全体を五感にインプットし、ゴールの味を体感することで、五感を満足させるおいしい料理が楽しく作れるようになります。

だから、頭の中の知識は、一度全部捨ててしまう。脳にスペースができるから、また新しいことに挑戦し、新しいエネルギーが来るのです。
「真面目に正しく」から「伸びやかに楽しく」へ。
これが未来食のコンセプトです。

第4章

「私が主役」の人生を生きる！
個性と才能を〝食〟で生かすライフスタイル

「私の料理は未来食というの。目指すのは健康や治病ではなく、あなたの中に眠ってる力を引き出して高めていくこと。結果として健康も美も輝く人生も手に入るというお得な食」

ただ動物性食品をやめるだけでは危険なこと、甘さを一切とらないと逆にストレスが溜まること、何を食べないかを学ぶより、どういう命のルールのもとに私たちが生きているのかを知ることのほうが大切なこと。ゆみこさんはそんなことを教えてくれた。

「せっかく食事と料理の大切さに気づいたんだもの。未来食を学んでみない？」

「はい……」

ゆみこさんの出してくれた番茶を、涙とともに飲み干したのだった。

それから私は、未来食セミナーに参加して食と命の関係を学び、つぶつぶ料理教室に通い始めた。


未来食はまるで魔法のようなレシピだった。

バターも特別な出汁も使ってないのにしっかりコクがあって、簡単なのにおいしい。おまけにスイーツまである。食べているそばから体がポカポカしてきて、お腹の底から力が湧いてくるようだった。


私はその日、習ってきた料理を、家で作ってみた。

「肉はないの？」と言う夫に、「ないのよ」と、少々引きつった笑顔で答える。夫は黙り込んで、なかなか食べようとしなかった。

最初に嬉しい声をあげたのは息子だった。

「お母さん、これおいしい！」

「おかわりちょうだい！」

いつもは食の細い娘も、ご飯のお代わりをする。

怪訝な表情の夫も、しぶしぶ箸をつけると、ボソリと呟いた。

「うまい……」

私は心の中でガッツポーズをするのだった。

レシピ通りに作るだけで、料理下手を自覚している私も、家族を満足させられるのだ。

「お母さん、このプリン、食べていいの？」

「いいのよ。お砂糖も卵も牛乳も使ってないからね」

「お母さん、おいしい！　また作って」

娘の屈託のない笑顔に、私は思わずホロリと涙がこぼれた。ごめんね、みんなのためと思っていたけど、本当はすごく我慢させてたんだね。

それにも増して、未来食でみんながこんなに喜んでくれるなんて……。心の奥からこみ上げてくる感情があった。もっといろんなことを知りたい。家族のために、自分のために、未来食をマスターしてみたい。

＊＊＊＊＊＊＊＊＊＊＊＊＊＊＊＊＊＊＊＊＊＊

「あなたもなってみない？　つぶつぶ料理コーチ」

ある日、ゆみこさんがこう言った。

「家族は迷惑がるんじゃないでしょうか」

「大丈夫！　教えることで理解が深まり、料理が格段においしくなって、収入アップに貢献できる。今は想像もできない自分発見をみんな楽しんでるから」

いいな、つぶつぶ料理コーチ。私もゆみこさんみたいに輝きたい。久しぶりに突き動かされる衝動を感じた。

日本人はどう生きてきたのか、時代を紐解いてみる

かつて、女性は、社会と交流し、家庭を多彩に運営する大きな責任を持っていました。農家であれば、女性も農作業をしました。子沢山で、何世代も同居、家事や地域のお祭りなども、家族みんなで手分けしていました。

商家や庄屋であれば、手代さんを預かり、女将さんとして仕切りました。ちょうど、一つの会社をやっているようなものです。

江戸時代は260年間、全く戦争が起こりませんでした。確かに因習的な問題もあったとは思いますが、実は非常に先進的な時代だったのです。

今世界中で使われている為替や相場も、実は江戸時代の日本が始めたもの。

また、和算という幾何学の問題を解いて神社に奉納することもされていました。

ヨーロッパの印象派の絵も、もともと江戸時代の浮世絵が大きな影響を与えたことは有名です。

そして世界でも珍しく、江戸の識字率は80%という高さでした。街には貸本屋があり、庶民

が本を読んでいたのを見て、幕末に日本を訪れた欧米人は大変驚いたそうです。

そんな江戸時代の仕組みを支えていたのが寺子屋でした。

武士や浪人、大名家で奥勤めしていた女性など、学のある人たちが、自宅やお寺の境内で、近所の子供に読み書き算盤を教えていたのです。

寺子屋は、何歳で入っても、何歳で終えて出ていってもかまいません。

寺子屋では、子供たちはそれぞれ自分の机で、その子に応じた読み書き算盤を習います。先生は各々に「あなたはこれをやりなさい」などと指示します。お習字なら、時々先生のところに、書いた字を見せに行く。先生も「どれどれ?」と言って指導する。

さまざまな年代の子が一緒に学び、秩序が保たれています。

寺子屋は一種の就職窓口にもなります。「この子は利発そうだから、あの商人のところに奉公に行ったらどうか」と先生が口利きをしたりもします。

女の子は、女中として商家や武家に奉公に出ます。行儀を覚えて帰ってくるから所作ができるようになる。所作は、嫁入り前に身につける必要があったのです。行儀見習いするにも読み書き算盤ができないと困るので、まずは寺子屋で最低限を覚えたのです。

6つの根源的望みを同時に叶えるための女性の学びの寺子屋ネットワーク

日本人のアイデンティティを思い出すための土台になる、意識と暮らしの転換が未来食の果たす役割です。そして、未来食つぶつぶクッキングを教えるつぶつぶ料理教室を「6つの根源的望みを同時に叶えるための女性の学びの寺子屋ネットワーク」と位置付けています。

「これまで教わってきたのと違うやり方で、こんなにも幸せになれる」
「穀物を食べているだけで生命力が溢れてくる。そんな万能なものがあったなんて」
「かつての日本の食のシステムは、こんなにも豊かですごかったんだ」
そういうことを知ることが、大きな自信につながるのです。

学校で教わる歴史や栄養学とは全然違うやり方を、未来食を通じて知ることで、頭が柔軟になります。素直になり、何を見ても受け入れられるようになる。物事を怖がらなくなるのです。

現代の欧米型のベジタリアン食をそのまま実践すると、肉だけやめてジャンクフードはそのままだったりするので、相当危険です。未来食にはバランスを取るための指標があるので、安心して実践できます。

「6つの根源的望みを同時に叶えるための女性の学びの寺子屋ネットワーク」の目的は、食の真実を学ぶだけにとどまりません。

未来食を実践していくと、6つの願いが小さなレベルからだんだん叶い、やり続ければ大きな夢も叶っていきます。

中には自分を変えてくれた、つぶつぶクッキングを教えたい、と思う人も出てきます。

つぶつぶクッキングを教える人を、つぶつぶ料理コーチと言います。

つぶつぶ料理教室を開くことで、自己成長が社会貢献になり、社会全体がうまくいくようになります。

つまり、つぶつぶ料理コーチになるということは、自己鍛錬ネットワークに参加し、成長し続けるということなのです。

人は成長したい生き物です。でも、自分磨きという舞台がないと、惰性に流されてしまいます。だから、つぶつぶ料理コーチという生き方の存在意義があるのです。

料理を習いたいという潜在需要は想像以上

忙しくて食事はコンビニやスーパーのお惣菜や冷凍食品に頼りっぱなしだったとしても、女性たちは心のどこかに「さすがにこのまま料理できないのはまずいのではないか」という気持ちがあるものです。

航空管制官だった女性は、仕事が忙しく、いつも外食生活でした。このままではまずいと、思い切って料理教室に行ってみました。すると、買ってきた食材を、買ってきた調味料で味付けするだけの料理。「これじゃあコンビニと変わらない」と思ったそうです。

彼女はその後、調理師学校にも通ってみたそうですが、そこも求めているものと違っていました。

そのあと未来食に出会い、ようやく料理ができるようになったのだそうです。さらに実践を重ね、つぶつぶ料理コーチとして教えるまでになりました。

料理を習いたいという潜在需要は想像以上にあります。

戦後、「子供は勉強さえしていればいい」という風潮が蔓延し、幼い頃に家のお手伝いを経験してこなかった人は増え続けています。特に若い人には、料理の仕方がわからない、「料理難民」も少なくありません。

そんな料理をしたこともない若い人が最初に学ぶ料理が未来食だと、とても幸せです。


ある脳科学者がこんなことを言っていました。

人は教えると8割覚えるけれど、教えなければ2割も覚えないということが実証されているのだとか。


消費する側から提供する側になるだけで、物事の理解度は全然違います。

特別な人や才能がある人だけが特別なことができると思っていませんか。

でも、そうではありません。誰でも、教えると決めれば教える人になることができます。料理に才能はいりません。やりさえすればいいんです。そうすると、想像を超える世界が開かれていくのです。


誰でも食事は一生の間、食べ続けます。

未来食を習い、つぶつぶ料理コーチとして手に職をつけておけば、食いっぱぐれる心配はありません。

すぐに料理教室を開催するかどうかは別として、安心感が生まれます。教室を開催し、たとえ参加者が少なかったとしても、気軽な収入源になります。だから、どうせ料理を作るのなら、誰かに教えればいい。料理は身につけたほうがお得なのですから。

自分を変えるのではなく、本当の自分の可能性を開けばいい。生理的、心理的、思考的に自分の中に眠っていた可能性を開く力が、未来食というシステムにあります。

自分がいいと思ってやり続けたら、自分にも良かったし、家族にも良かった。あまりに幸せになるから、これは人に伝えたほうがいい。そんな自然な変化として、自分に起きたことを人に分けようという心が芽生えます。

起業しようとかお金が欲しいと思ったわけでもなかったけれど、やってみたら、人が来て、お金が入ってきて、想像もしていなかった未来がやってきた。かつては想像できなかっただけで、本当はそれを求めていたのです。

そして伝え始めると、経済的自立というメリットが付いてくる。

そんな嬉しいおまけがいっぱいなのが未来食です。

そんなあなたを見て、「私もやってみようかな」と、周りに人が集まってきて、実践し始めます。

「みんながつぶつぶ料理コーチになったら、参加者が少なくなるんじゃないかな」と心配する人もいましたが、そんなことはありません。

何しろ、料理を習いたい人は無限にいるのですから。つぶつぶ料理コーチが増えればそれだけ相乗効果があります。料理教室は、コンビニのように、この角にあると思ったらこっちの角にもあった、というほうが、認知度も上がって、逆に良いのです。近くにないと通えないでしょう。

人生が変わる料理教室

最近つぶつぶ料理教室に通い、未来食セミナーで基本も学んだ人がいます。早速家でも作ってみたところ、旦那さんが喜んで食べてくれて、「つぶつぶってすごいね」と言ってくれたのだそう。その方からこんな感想が届きました。

「『今日の夕飯は何?』と聞いてから、夫は朝、会社に出かけて行きます」

「私は未来食Scene1, 2を受けたばかりですが、夫の仕事の状況がすごく良くなりました」
「夫は出勤前に、30分ほどジムに行くようになり、変化がすごいです」
「私自身、料理上手になったような気がしていて、料理をしながら、自分の思考の癖に気づいたりします。今は、自分軸で生きられるようになったと感じます」

他にも、旦那さんの健康診断が全てAになったりするケースはごく普通。夫婦仲もよくなります。本当に未来食は魔法みたいな食事なんです。

だからやらない手はないですよね。

未来食を食べていると少なくとも10歳は若返ります。男性にとっても、家に帰ったら綺麗になった奥さんが、おいしい食事を作って待ってくれている。

こういう家がたくさん増えたら、日本はすごく変わるんじゃないかなと思います。

独身の人が結婚できた、結婚して子宝に恵まれなかった人が初めて子供を授かった、という話は、未来食では決して珍しくありません。

30代後半で実家暮らしの独身女性。本人もお母さんも、「結婚はしないだろう」と諦めていました。でも、さすがにこのままではまずいのではと思い始め、未来食を学んだのです。

ところが、「実家暮らしだと、お母さんが料理を作るから、なかなか未来食を実践できません」と言うので、私は「一人暮らしすればいいじゃない」と言いました。その一言で、「よし、一人暮らしを始めてみよう」と一念発起。

そしてつぶつぶ料理教室に通い始めて1年経った頃、なんと結婚することになったのです。教室の参加者同士の交流から、「家庭があるって素敵だな」と、考え方や意識が変わったら、すぐさま出会いに恵まれたそうです。

未来食のメリットは、家庭内だけにとどまりません。副業でイラストレーターをしている人は、つぶつぶ料理教室で学んで料理を楽しみ始めたら、「どんどんイラストの仕事が入ってくるんです〜」と言っていました。

家庭経営者という視点から時間とお金を考える

1日のうち、人がもっとも費やしているのが、迷っている時間、悩んでいる時間、心配している時間です。

けれども、未来食という軸ができると、食の不安を解消しようとして情報を探す時間が減ります。

次に、得た情報に対して「これでいいんだろうか」と悩む時間が減ります。そして、実践に当たって「これが本当にいいのかどうか」と迷う時間が減る。

つまり、心配する時間がなくなるんです。

レシピが豊富なので、献立を何にしようと悩んだり、子供に「何食べたい？」と聞く時間も減る。レシピに合わせて買い物をするのでなく、今、キッチンにある食材、野菜で様々な料理を作れるからです。野菜は、週に1～2回届くようにしておけば十分間に合います。穀物や乾物はずっと置いておけるので、毎日の買い物が必要なくなります。

新しいことを始める時間がない、という人もいます。

でも、最初から時間が空いている人はいません。やることがあるから時間をコーディネートするわけです。やることがない人はどんどん時間の使い方が下手になって、余計時間がなくなっていきます。

時間は余りません。余った時間で何かをするという考え方は無理なのです。

だからこそ、生命の運営術としての基本システムが整っている食事が大切なのです。

そのためには、女性が食を柱に家庭を経営するという視点を持つことが大切、家庭は経営するものなのです。家庭を経営する土台として食をシンプルに運営できると自信になり、時間の節約にもなります。

例えば、私は、未来食を実践するのに必要な食材は一気にまとめて購入することを勧めています。最初に必要な食材が揃った環境を作って、使った食材をメモしておいて、それを注文するようにすれば、作りたい料理をいつでも作ることができるし、何を買おうかと迷う時間も、買い物に費やす時間も要らなくなるからです。

ダンスを習えば、それ専用の靴や衣裳や道具が必要になるように、健康な食システムを実現しようと思ったら、基本的に必要なものを揃えてからはじめる必要があります。その方が、練習も進み上達も早いのです。

ところが、多くの女性は、けっこうお金を使っている割には、お金を使うことそのものに罪悪感を持っています。大きな金額を一度に使うことに抵抗がある人が多いのです。それで、ちまちまと食材を買うことになり、いざ、作ろうという時に食材がないために諦めたりしています。だから、何度も買い物をしてそのために迷ったり罪悪感を感じたりして時間を浪費しています。あなたはどうですか。

一度にまとめて買ってしまえば、抵抗感を感じる回数も減り、何を買おうかと悩む時間も減ります。思い立った時に作りたい料理を作れないストレスも無くなります。

経営という視点では、現金や通帳残高は減っていても、食材という形でキッチンにあるものは同じ財産と見なします。実際面では、お金や銀行残高があってもすぐにお腹を満たすことはできませんが、キッチンにある同じ価値の食材は、すぐに料理に使えるので、実は、お金で置いて置くより便利で安心な財産なのです。

経営視点を持つことで、より大胆に、実質的に有用なことにだけ時間を使って生きられるようになり、自由裁量の時間を生み出すことができるようになるのです。

このように、暮らしを経営者視点で組み立て直すことで、日々の食事だけでなく、日常のあれこれ、自分や家族の健康、子供の将来、老後の生活などの悩みが減っていきます。そして、その分悩んでいた時間が空きます。

そのできた時間で、あなたは何をしたいですか？

矛盾のない仕事

「男女平等」が推進され、女性も好きな職業に就けるようになった現代。そんな自由な時代になったにもかかわらず、多くの女性が、「こんなはずではなかった」と、心の奥底で違和感を感じているのです。

組織の中で、「何かが違う」と感じながらも、上からの指示に従って働いている人は少なくありません。

ある人は、「社会の不平等を埋めるための仕事をしたい」と、NPO活動で遺伝子組み換え食品反対のキャンペーンに取り組むなど、多国籍企業やグローバル資本主義などと戦っていました。しかし、熱くなればなるほど、敵の強大さや自分の無力さを思い知らされ、虚しさと絶望感が募るばかりでした。

ある人は、子供の頃の夢だった小学校教員をしていました。しかし現実は厳しく、日々問題に振り回され、自信をなくし、心身ともに疲れ果て、仕事を辞めたいと思っていました。

ある人は、小さい頃から動物が好きで、「生きるもの全ての命を生かしたい」と獣医師になりました。ところが、高度な治療でペットの病気を治す一方、その高度な治療を開発するための実験に使われる動物の命があり、本来の生育形態を無視し食用肉として工業製品のように扱われる動物の命がある。こうした現実に葛藤する日々を送っていました。

ある人は、看護教育に携わっていました。しかし、減塩や油を控えること、糖質制限や、全ての食材をバランスよく食べることが、健康な体を支えると推奨される現代。こうした看護学教育の枠組みの中では、真実を伝えるのは難しいと、葛藤していました。

人を健康にしようと思って、管理栄養士や栄養士、調理師になったのに、結局自分の納得のいかないルールの料理をすることになってしまい、嫌だと思っている人もいます。

でも、仕事に就くとそうせざるを得ません。そして、どうしたらいいんだろうと悩んでいる人はすごく多いのです。母が、父が、と育ちのせいにしたり、夫が悪いからとか、子供の出来が悪いからだとか、会社が、社会が、と自分のイライラを誰かのせいにしています。でも、根本の問題は、別のところにあります。

この悩みの原因の一つは、この世界が男性型社会であるために、女性たちの成り立ちや仕組みに合わないからです。

もう一つ別の原因は、「本当の自分はこれじゃない」「自分の力を出し切っていない」「もっと私はできるはずだ」という心の奥からの声や自分の可能性に蓋をして生きているからです。

もっと自分が夢中になって楽しめる、矛盾のない仕事。自信を持って真実を伝えられる嘘のない職場。自分らしく輝ける、女性に合った仕組み。もうそんな現実を作り出してもいいのではないでしょうか。

人間として、女性として最高に生きる

女性がイライラしがちなのは、自分の中に有り余ったエネルギーの発散の場がなく、自分が満たされていないからです。

男性が作り上げた高度に物質化した社会や、核家族化により社会から隔離された今の家庭では承認欲求が得られないし、エネルギーを生かすこともできません。

女性が、自分自身のテーマを持って生きるということは、本当に大切なことです。

やっていることが面白く、効果もあり、簡単、そしておいしくて長続きする。自分で企画して、作って、食卓に出して喜ばれる。この循環を何回も繰り返すことで、現実を処理する力、現実を思い通りにする力が身につく。気分も良くなり、性格も明るくなっていく。そして、「こんなに幸せになった私を見て」「みんなもこんなふうになれるんだよ」と、自分を表現したくなります。

自分の家を舞台にして、女優のように最高に美しく装う。そして、自分が感動したことを、そのまま伝える。そんな仕事があります。

また女性は生命を育む性なので、感受性が豊かです。だから、心に矛盾のない暮らしをしたいと考えるのです。

自分自身を健康にし、心を豊かにし、魅力を高めてくれた料理。その料理を、心からの愛を持って伝える自己表現。それによって、そのまま承認欲求も得られるようになったら、日々がどんなに輝くか想像してみてください。

自分が主役の舞台の家に、みんながお金を持ってやってきて、感動して、称賛してくれる。あなたの趣味で全部やって構わない。自己否定感や罪悪感なんかどこかに吹っ飛んで消えてしまいます。

キッチンをあなたの舞台に！

全国津々浦々の人の愛によって育てられた、食べ物というエネルギーに毎日囲まれ、好きなように料理していい。これは至福の、思い通りの人生です。

最高にドレスアップしてキッチンに立つ。なぜならあなたは主役だからです。

綺麗に整えられ、手料理がちゃんとある家。

そんな家で妻が待っていてくれたら、夫はとても嬉しいと思います。

家庭の主婦というのは、本来とてもお得な身分だったはず。でもそれをつまらなくしたのは誰でしょう？　わざと自分で灰を被り、主婦という身分をつまらなくしたのでは？

あなたも素晴らしい舞台を持っているでしょう？　あなたの自慢の家で、主役になって、自分を表現できる場所が未来食のつぶつぶ料理教室だとしたらどうでしょう？　しかも、招待しなくても、観客がお金を持ってくるのです。いつもキッチンで作っているものを教えることで喜ばれ、幸せの輪が広がっていくライフスタイルがつぶつぶ料理コーチです。

未来食に出会った人は、料理教室ができそうなキッチンを作り始めます。やはりいつか発表の場が欲しいと思うようになるからです。「あの人の家を見てみたい」といろんなつぶつぶ料理教室に行ったり、理想の家を探し始めます。

「私の家はすごく狭いので料理教室なんてできないんです」と言っていた人が、今は「コックピットキッチン」としてウケていて、人気教室になっています。

かと思えば大きな邸宅で料理教室を開いている人もいます。大きさも立地も関係ありません。

どこであれ、自分がそこで喜んでいるような人のところへ人は集まります。

本気で生きたい人が集まる拡大家族の誕生

幻想の核家族、幻想の平等はあるけれど、実際には何もない。夫もいない。誰も来ない。誰にも見られない家。一所懸命おしゃれしてもお花を習っても、誰も見てくれない……。

でも、そんな不満を言ってもしょうがないですよね。実際、核家族になってしまったわけですし、核家族になった良さも、なる必然性もあったのですから。

だとしたら、ネットワーク型の家族を作るしかありません。

血はつながらないけれど、意識が似ている人、興味が同じ人と、つながるのです。

家庭というのは、体の細胞みたいなものです。一個一個の細胞がつながって、共同体を形作っていく。ところが今、家庭が社会から切り離され、共同体の神経ネットワークが切断されてしまっています。

そこで、未来食を作る家庭がどんどん増えていけば、新たなネットワークを育てることができます。

そして、本気で生きたいという人たちと、意識レベルの拡大家族になる。世界の仕組みやルール、そして幸せに対する価値観などを共有する人間関係がつながっていくのです。

家族のあり方や家族同士の繋がりは戦後、一度壊れてしまったので、再構築する必要があります。その役割を担うのが、つぶつぶ料理教室ネットワークです。

「おいしさに感動して」「料理の楽しさに夢中になって」「私の中の私が求めていたものがここにあるという直感に導かれて」実践していたら、視野が広がり、五感の感度も上がって、ワクワクしながら「今、ここ」を楽しんでいる私がいます。いつの間にか、まわりの意見や状況や情報に振りまわされない私になっていました。もっともっと自分を磨いて進化成長を楽しみたいです。

そういう女性たちを育てていきたい。

つぶつぶ料理教室は、日本を蘇らせようという遠大な計画なんです。

一つの時間がさまざまに膨らんでいく

食の基本を学ぶことで、自分や家族の食事に悩まなくなります。そして、料理教室を開催するから、料理を練習しようという気持ちが起き、真剣に取り組みます。普段作らないものも作ってみようという意欲も湧いて、日常の食卓がちょっと豪華でバラエティに富んだものになります。練習が家族へのもてなしになるので一石二鳥です。そして教室では、参加者が喜んでくれるのです。

料理するという一つの時間で、子供や夫との関係が良くなります。料理教室を開けば、自分の都合の良い時間に合わせて人が集まってきます。自分の時間が自由になり、みんなが来てくれて、収入にもつながり、来てくれた人たちが幸せになってと、一つの時間が膨らむように使えるのです。

このように、膨らむ時間というのは、小分けにされた時間よりも何十倍も豊かなものです。

もし、外に働きに出ていたら、9時5時で会社のことを考え、あとの時間で家のこと、自分のことを考えることになります。こうして、自分の時間が1日2時間、子供の相手を1日2時間、などと分けていたら、いくらあっても時間は足りなくなってしまいますよね。

それに子供のほうも、思ったほどお母さんに相手をしてほしいわけではないのです。子供はいろいろ成長したい存在ですから、ちょっと離れたところで生きる見本を見せるほうが良く育つのです。

そういった意味でもつぶつぶ料理コーチはお得なのです。

料理教室を始めると子供が自立し始める

未来食を食べていると、2歳でもこんなに聞き分けがいいのか、と言われることがよくあります。料理教室をしている脇でニコニコしていたり、すやすや眠る様子に驚かれます。

もう少し大きな子供は、母親の真剣な姿を見て、尊敬するようになり、自然に手伝うようになります。

その様子を見て、こんなふうに子育てすればいいんだ、こんなふうに子供はお手伝いできるんだと感動して、本気で実践し始める人が多くいます。

子供を怒らないようにしようと思うほど、お母さんの不満は心の中に積もって大爆発が起きますよね。

けれども、やりがいのある仕事が見つかれば、子供のことがあまり気にかからなくなって、怒らなくなります。

子供も、それまではお母さんのことを、どこまでも自分にかまってくれる人、依存していい人と思っていたのが、料理教室を開催するお母さんを見ているうちに、お母さんを一人の人間として見るようになります。そして、子供は自分で判断して行動しなければならないと感じるのです。

お母さんにとって、料理教室は本気の場。

子供は空気を読みます。

今は何をすべきかを学んでいきます。

「料理教室はいつ?」と子供から聞いてきて、宿題を早くやっておこう、片付けておこう、と行動するようになります。そして、お母さんが何も言わなくても、明日は料理教室だとわかれば子供たちは勝手に片付ける。小学生くらいになるとそういう行動ができるようになります。

これも、家に社会があって、お母さんがダラダラしていないからです。

みんなが来るから、子供ながらに準備しなきゃとか、挨拶しなきゃとなります。家に社会があれば、子供に社会性が身につき、秩序立って生きるようになるのです。

子供にフォーカスするのではなく、自分自身にフォーカスする。すると逆に、子供は主体的になります。

それに、子供にとっていろんなハプニングは楽しいので、家で料理教室があることが面白いのです。

人は、動くものや、日常と違うことが起きたら、それにとても興味が湧いてくるものです。パレードがあれば見にいってしまう。人が広場を走り出すと、それについていってしまう。そんな群集心理があるでしょう。

このように人間は動いているものに弱いので、動いているものがあればいいんです。それがないからゲームをやってしまう。

だから、家にいろんな人が来て、大人がお母さんの料理教室に関心を示してくれて、楽しんでいると、子供も、一人でゲームをやっているよりも、一緒に料理をやったほうが面白いと気づくのです。

お母さんが自分の仕事に夢中になって魅力的だと、子供はそれを真似しようとします。子供が真似したくなるような大人を生きれば子供は勝手に育ちます。

お母さんが綺麗になっておしゃれして、人に教える仕事をしていると、男の子はすごく喜びます。女の子も嬉しいみたいですが、男の子は特に喜ぶんです。

舞台には開幕と閉幕があります。開幕前は誰でもやるべきことをやるのです。日常の中に、家が表舞台になる日がある。素敵じゃないですか？　緊張感があるから、女性もどんどん美しくなります。

夫にも変化が生まれる

料理教室を始めると、夫が手伝ってくれるようになる話は鉄板です。

ある人は、夫が料理教室のチラシを作ってくれて、似顔絵まで描いてくれたそうです。

つぶつぶ料理教室を家で開催すると、シャイな夫も人前に出てきて、参加者と一緒にご飯を食べたりするようになる例もたくさんあります。

未来食セミナー Scene1 受講後のシェア会ディナーには、家族も参加できるので、そこで家族ぐるみのお付き合いが始まって、家の中がすごく社会的になります。会社では出会えないような人に会えて嬉しいという夫からの声も届いています。

そして妻が褒めそやされ、その夫ということで、同じように尊敬される。

会社にいると味わえない満足感があるから、だんだん積極的になります。

家にどんどん人が来て喜んでくれると、夫も嬉しいんです。家も自己表現ですから散らかさなくなったり、参加者を送り迎えし始めたりと、夫もすごく協力的に変わります。

妻が稼ぐようになると、「これで定年後も安心だな」と思うようになります。つぶつぶ料理コーチには定年がありませんから老後は妻を手伝う、いざとなったら会社を辞めてもいいんだという男性まで出てきています。だってこっちのほうが居心地が良くて楽しいのですから。

そして、自分の家だから何が行われているか丸ごと見えます。妻が大変そうにしているのを見ると、自分から「手伝おうか？」と声をかけてしまう。時間はかかるにしても、そのような変化が自然に生まれていきます。

何より喜ばれているのは、妻の料理の腕が上がること。人に教えるモチベーションがあると、より真剣に作るようになり、ググッとおいしくなるから、「つぶつぶ料理コーチになるとやっぱり一味違うね」と夫が喜んでくれるのです。

お金の使い方を見直す

お金を介在させずに遊ぶことはできません。そして、お金の介在なく人が動くことも難しいのです。そして、仕事なしで人が成長するのは難しく、仕事で遊ばない限り人は幸せになれません。ここに、料理教室を開催する一つの意義があります。

女性は、子供のため、夫のため、社会のためにはお金を使えるけれど、自分のためにはお金を使うことができないという心理的なリミッターを無意識に持っています。

専業主婦が自分の趣味で浪費するのは夫に申し訳ないと思い込む。夫はそんなことを言ってないのに。すると、「子供のため」という言い訳をして、子供のものを無駄にいっぱい買ってしまう。大義名分が欲しいからです。でも、これは子供にもよくないし、本人にもよくない。本当に欲しいものは他にあるのです。

また、自分のものを買う時は会社勤めをしていた頃の貯金だけでやっている、家のお金はあるけれど私のお金はないと悩む40代女性も少なくありません。

片方が外に出て、片方が家にいる。だから家にいる女性はお金を使っては悪い。そういう考えは根強い。でも、それっておかしくないですか？

私が家にいても、家の収入は一家のもの。足りないなら、2人でなんとかする。そういうコミュニケーションをとっていますか？

お金も時間もあって素晴らしく幸せなのに、それを受け入れていないとお金を何に使えばいいかわからず、浪費してしまいます。

でも、未来食を学び始めると、良い食材を買おう、キッチンを整えよう、そんなふうに目標が決まるから、お金の使い道がちゃんとできます。道具やお皿にもこだわりたくなります。本物が欲しいと思うようになり、作家さんの食器にも興味が湧いてきます。好きなもので好きなようにテーブルセッティングする。着るものなどもこだわりたくなるんです。

自分にわずかでも収入があれば、罪悪感なく使えます。家族のためだと範囲が狭くなるけれど、仕事だと思えば堂々と買えます。教室をやっているから茶碗を十人分揃える。そしてみんなが来たら、「わ〜ステキ」と盛り上がる。自己表現が仕事になり、素敵なものを買うことでさらに自分の魅力を上げて仕事につながる。買い物が仕事になるってステキでしょ。

つぶつぶ料理コーチはどこでも何歳になってもできる

仕事のキャリアを積んできた人で田舎暮らしをしたいという人が増えています。でも、ただ田舎に住むだけでは失敗してしまいます。だいたい価値観が違います。都会には都会の、田舎には田舎の、優れたところも課題もそれぞれあります。私も30代で、東京から山形県に一家で移住したからよくわかります。

どこに住むかというのはあくまでもご縁が決めること。人は、どこにいても幸せになれます。今ここで幸せになれるのです。つぶつぶ料理コーチというツールがあれば、なおさら強力です。

つぶつぶ料理コーチの養成講座に来ているのは、子育て世代だけではありません。働いている女性、しかも60歳定年を控えた人が結構います。看護師さんなどは、バリバリ真面目にやっていても、定年になると収入はゼロになってしまいます。一体どうしたらいいのかしらという時に未来食に出会い、料理コーチになるために学び始めた人もいます。「退職金が出たら即料理教室が始められるわ」とニコニコしています。

ある70代の女性も、東北から習いに来ています。先日は、50代の息子さんも一緒にセミナーに出てくれました。以前は、あれこれ手を出して出歩いてばかりのお母さんだったので、息子さんはいつも批判的でした。だから最初は、未来食を習っていることを内緒にしていたそうです。けれども未来食だけは夢中になってしまい、途中で放り投げることもなく、つぶつぶ料理コーチになると決心しました。だから息子さんにもオープンにできたし、共感してもらえたのです。

100歳まで生きれば、今75歳でも、あと25年もあります。70歳過ぎたら何もかも終わりだと思っていると、気づいたらあと25年もあったなんてことになりかねません。

つぶつぶ料理コーチには定年もありませんし、どの地域で開催しても魅力があります。「どこにいても、いくらでもやれる」と思うと安心です。

「夢はカフェ」ではなく、「つぶつぶ料理教室」

つぶつぶ料理コーチは、稼働日の割には稼げます。

デモンストレーションと試食がメインの料理教室なので、食材費だって、そんなにかかりません。

飲食店だと、プレートを考えると、販売価格が千円や千五百円。でも料理教室だと、同じもので5千円。それは、作り方のノウハウを教えることが主眼だから、付加価値が付いているのです。

食材や料理が余ってしまっても、最終的に自分たちの食事になると考えると、ほとんどが自分の利益になります。会場を外に借りれば利用費などがかかる場合もありますが、それでも利益率はいいと思います。

だから、「夢はカフェ」ではなく、「つぶつぶ料理教室」を勧めます。

私は、35年間続いた早稲田と江戸川橋のレストランを閉じることにしました。一般営業はやめて、会員向けのイベントスペースに生まれ変わったのです。

未来食で手料理する人を増やしたいので、食べにくるだけの人が増えたのでは困ります。だから徹底して、つぶつぶ料理教室を応援することにしました。

実際、つぶつぶ料理教室は広がり、未来食がどこでも食べられるようになってきました。教えることによって、みんなが責任を持って、確実においしいものを作り、技術が保証されるようになってきたのです。

社会経験が途中で止まってしまい、家庭にこもってしまった女性たちや組織での仕事しか知らない女性たち。彼女たちが離陸するには、推進力が必要です。そのシステムがつぶつぶ料理コーチという資格であり、つぶつぶ料理教室なのです。

日本女性の1％50万人がつぶつぶ料理教室に通うという夢

認められたい、社会の役に立つ仕事がしたい、やりがいのある人生を得たい、と思っているのに、自信がなくて臆病になって一歩踏み出せないでいる。

つぶつぶ料理コーチという生き方はそんなあなたの夢を叶える可能性を持っています。

もしあなたが変化を求めているなら、チャレンジしてみる価値は十分にあります。

私は、日本女性の1％、50万人がつぶつぶ料理教室に通っているという現実を作ることを目指して活動しています。第一目標はその1割の5万人です。

そのために、つぶつぶ料理コーチ育成プログラムに力を入れています。そして、つぶつぶ料理コーチ一人ひとりを応援して、全員を輝くスターにしたいと思っています。

すでに、多くのつぶつぶ料理コーチが憧れの存在に育っています。

2019年、その数は100人を超えました。

つぶつぶ料理コーチが２５０人に増えて、それぞれ２００人の生徒を持ったら、５万人がつぶつぶ料理教室に通うことになります。

そして一人が10人に伝えれば、１％、50万人の日本女性が、未来食つぶつぶを知ることになります。

１％が動くと世界が動くと言われています。

現実も世界も一人ひとりの成長によって変えられます。

心が受け入れられる現実は、見果てぬ夢ではなくなりました。

矛盾を感じながらも、「ま、仕方ないか」と働いていたり、自分の心が納得できる働き方を求めているあなたにこそ、つぶつぶ料理コーチという仕組みを活用して欲しいと思っています。

私は「自分らしく輝く私になる起業」を伝えています。お金だけじゃない、愛もやりがいも自分磨きも子育ても、ぜーんぶ一緒に解決しましょうという欲張りな提案です。

本当に自分が心から良いと思うものを人に勧められる、これがつぶつぶ料理コーチの魅力です。

勤めながら月に1回の開催を楽しんでいる人もいます。夫を養うくらい活動を大きくしている人もいます。

日常が、自分サイズで充実することが目的なので自由度が大きいシステムになっています。ノルマもありません。

つぶつぶ料理コーチの資格は単年度で更新になっています。1年ごとに、続けるか続けないか、自分の意思を確認します。1年間休んで復帰することもできます。

それもまた女性の生き方には合っていると思います。

女性が家庭の中で生命科学者になることの大切さ

実はみんな気づいていないけれど、とても大切なやるべきことがあります。

それは、自分の暮らしを喜ぶということ。

未来食の実践をしていくと自然にそれができていきます。

出産の準備も子育ても、昔なら子供がたくさんいたので、お母さんの様子を見たり、おばあちゃんが世話をしているのを見たり、いとこのお姉ちゃんを見たりして、自然と学んでいました。

でも、今の人は、雑誌やネットを見て、出産の準備や子育てをします。記事を作る人に悪気がなくても、断片的な知識で書きますし、経験したことがない人も書きます。だからわかりにくいのです。それを見て、今の若いお母さんたちは、ここにはこう書いてある、ここにはこう書いてあると、千々に乱れておかしくなってしまいます。

一方、つぶつぶ料理教室に集う人たちは幸せです。いろんな世代が、一つの拡大家族のようになっています。未来食の知恵があり、リアルな情報を共有し合っているので、迷いがありません。いろんな情報を見ても、笑って済ませられます。

私は基本的に、赤ちゃんを産む女性、生命の守り手である女性こそが、生命科学者になってほしいと思っています。生命科学は実験室ではできません。あなたの家でこそできることです。だから、女性が一番の生命科学者になる、そのために自分を鍛えていく。

料理を教えることを仕事にすることで、あなたの自己鍛錬は飛躍的に加速します。鍛錬のプロセスから収入も得ることができます。

あなたが6つの望みを叶えて幸せになれば、家庭が幸せになり、社会全体が幸せになります。取り巻く世界を平和にしたいという女性の根源の望みも同時に叶うのです。

第5章

輝く女の〝あたらしい食〟エピソード
〜自分も周りも〝未来食〟で幸せに〜

地味で目立たなかった私が、女優さんのようにおしゃれをしている。肌の透明感が戻り、綺麗になって、輝いている。キッチンで、舞台の主役のように堂々と振舞っている。子供たちもちゃんと挨拶するし、部屋も綺麗に片付いている。休みの日には、夫が、参加者の方々が連れてきた小さな子供たちの相手をしてくれている。

我が家のキッチンを舞台にスポットライトを浴びて称賛される私。家族みんなが健康になって、私もつぶつぶ料理コーチとして収入を得られるようになった。想像もしなかった現実が手に入った。人生をこんなに変えてしまう未来食ってすごいな……。


朝5時。目覚まし時計が鳴る前に目が覚めた。

体の底からエネルギーが漲るようで、朝起きるのがつらいということがなくなった。

最近夫が、「お弁当を作ってくれない？　外食はおいしくないから」と言うので、未来食のお弁当も作り始めた。寝かせておいた雑穀パンを焼き、つぶつぶのスープを作る。

子供たちは今日でテストが終わり。元気を出して、最後まで頑張ってもらわなきゃ。

起こさなくても起きるようになった子供たちが、身支度を済ませて食卓に着くと、パンを頬張りながら言った。

「ねえお母さん、料理教室はいつ？」

「今週末よ」

「わかった。じゃあ部屋を片付けなきゃね」

息子は、私が何も言わなくても宿題をするようになり、部屋の片付けも進んでするようになった。

私は、週末、つぶつぶ料理教室を開催する。そう、つぶつぶ料理コーチになったのだ。意外にも家族は協力的で、家族に迷惑をかけるのではという心配は杞憂だった。

「お母さんの料理、本当においしい。週末も大丈夫だね」

そう言ってくれる娘は、本当にたくさん食べてくれるようになった。体も一回り大きくなり、アトピーの症状も出ず一安心だ。

「はい、お弁当。いってらっしゃい。いつもありがとう。大好きよ」

毎朝夫にこう言って会社に送り出している。夫も「ありがとな」と言ってハグしてくれるようになった。夫がこんなふうに変わるなんて、思ってもみなかった。

朝ごはんの後は、サッと掃除をしたら、今週末のつぶつぶ料理教室のことを考える。どの食器を使おうかしら。それから、何を着ようかな。参加者たちが、「どうしてそんなに綺麗なんですか？」「本当は何歳なんですか？」と聞いてくれるようになったのも嬉しい。

今夜は、予行演習をかねて、腕によりをかけた未来食の料理を作ろう。子供たちの「おいしい！」がまた聞けるかな。夫も夕食を楽しみにして、早く帰ってきてくれるかしら。

6つの夢を叶えたつぶつぶ料理コーチたち

未来食は誰でも実践することができます。

子育てや人生に悩み思い惑う日々から、未来食に出会い、人生が変わり始め、そしてつぶつぶ料理コーチとなって華麗なる変身を遂げた女性たちを紹介しましょう。

※これらのエピソードは個人の感想であり、効果・効能を保証するものではありません。

episode 1

子育てに迷い地味で自信のなかった私がおしゃれで輝くお母さんに大変身

（恒岡千恵子　主な活動地域／埼玉県　家族構成／夫、息子二人、娘一人）

❋甘いものが当たり前の環境で生まれ育ち……

私が生まれ育った街は、市内に和菓子屋さんが20軒以上もあり、法事や祝い事で親族やご近所さんが訪問される時、和菓子をいただくのが常でした。家にはいつもたくさんのお饅頭があり、食事として食べることもしばしば。甘いものをいくら食べても非難されることがない環境でした。

一方、若いとはいえ体調はよくありませんでした。便秘がちで虚弱体質。夏バテで痩せても、冬は食べ過ぎてしっかり太り、その差は8キロほどありました。顔はカサカサとベタベタの混合肌。手はハンドクリームが欠かせないほど乾燥していました。低血圧で、寝起きが悪く、いつも体がだるい。これが普通の状態だったので、人間というのはこんなものだと思っていました。

母が大好きだった私は、「お母さんのようなお母さんになる」のが夢。優しく甘い両親のもとで居心地よく暮らしながら、実家から通える短大に進学、地元の企業に就職し、親元から離れることはありませんでした。

結婚すると、夫の転勤で福岡に引っ越し、ほどなく妊娠、そして出産。子供の頃からの夢、「お母さんになる」が実現しました。

けれども、知らない土地ゆえ不安もいっぱい。

「しっかりしたお母さんになる」

「正しい子育てをする」

「間違ってはいけない」

良いお母さんに憧れていた私は子育て講座にも通いました。

良いおっぱいを飲ませなければいけない、オーガニックのものでなければいけない、自然な育児をしなければいけない、といったことなどを教わり、義務感にとらわれた子育てにどっぷり浸かっていくことになりました。


けれども、授乳中の私はお腹が空き、とにかく何か食べたいという衝動にいつもかられていました。お菓子を常に食べても足りず、ご飯に砂糖をかけておやつ代わりにしていたこともあります。


そんなある日、未来食に出会い、そのおいしさに驚きました。

すぐに未来食セミナーを受講。そこで教わったのは納得の内容でした。世の中にはこんなにダメなもの、怖いものがあるんだよという問題にフォーカスするのではなく、「こうしたらいいよ」と解決方法を教えてくれたのです。

未来食のおいしさと考え方に共感した私は、子供を連れてつぶつぶ料理教室に通い始めまししていました。参加者の方との交流から好奇心が刺激され、新しい料理法も知ることができ、毎日が充実した。

❋「自然派」の影響で人生が楽しめなくなる

それから数ヶ月後、再度夫の転勤が決まりました。

つぶつぶ料理教室にも通えなくなり、寂しさから自然派ママのサークルに参加。すると「子育てとは自分に厳しいものである」と思うようになりました。

子供優先のため、自分と夫のことは後回し。子供の服は買うけれど、自分の服は育児で汚れるからおざなりに。

「子供が顔を触るからメイクはしない」

「肌に直接触るから、オーガニックなナチュラル素材の服を」

「環境のことを考えてゴミは出さない」

「お金は使わないほうがいい」

「おしゃれにかまっている時間があったら子供の世話をする」

「子供のしつけは親がきちんとするものだ」

だんだん喜びが減っていき、人生を楽しむことを諦めてしまったのです。

本当はおしゃれが大好きだったのに、いい妻、いい母親になりたいと思ううちに子供中心の生活。おしゃれとは無縁となり、どんどん自分の殻に閉じこもり、地味で目立たなくなっていきました。

❋ 未来食で大変身しつぶつぶ料理コーチへ

再び夫の転勤が決まり、今度は埼玉県へ。つぶつぶ料理教室の本部でもある、早稲田キッチンスタジオにも通えるようになりました。

仲間がいることで、未来食のモチベーションも上がって、再び楽しい毎日が始まりました。そして、未来食のやり方なら、いくら食べてもいいという安心感が得られ、おやつ作りが楽しくなったのです。だから甘いものも、子供に安心して「食べていいよ」と言えます。

常にご飯を適量食べることで、夏痩せ、冬の食べ過ぎもなくなり、一年中スッキリな体に。便秘と下痢の繰り返しも治り、ハンドクリームいらず。

すべすべのノーマル肌になり、メイクやおしゃれをすることにも抵抗感がなくなりました。外見が磨かれると、嫌いだった集合写真も今では一番前で撮ってもらうようになりました。

仲間がいない中で未来食を続けるのは寂しいものです。そのことを実感した私は、自らどんどどん仲間を増やしていきたいと、つぶつぶ料理コーチになりました。そんな私を何度も救ってくれた未来食の楽しさを、もっと広げたいと思っています。

episode 2

結婚にも料理にも興味がなかったキャリア志向の私が4人の子育て真っ最中、キッチンから幸せを発信

（伊藤信子　主な活動地域／岩手県　家族構成／夫、息子二人、娘二人）

❋ 夫から「なんでいつも怒ってるの？」と……

「どうしていつも怒っているの？」

本当は怒りたいわけではないのに、イライラして夫に当たり、責め始めると止まらなくなってしまうのです。１００％私に原因があるにもかかわらず、疲れているとか、思うようにいかないとか、そんな理由で怒っていました。

ところが、未来食に出会って気づいたのです。寂しさや甘えたい欲求が、怒りに転化されているのだということ、そして、「素直に愛情を表現できない」「素直に甘えられない」というと

ころに原因があるのだということに……。

小学生の頃から正義感が強く、間違っていると思うことには、相手が誰であろうと異を唱える子供でした。

さまざまな現実を知るにつれ、不合理な社会を作ってきた大人に憤りを感じ、「世界の裏側では大変な思いをしている人がたくさんいるのに、自分は不自由なく暮らしているのが申し訳ない」といつも思っていました。

人前でいつも「平和な世界を作りたい」と夢を語っていた私は、猛勉強して海外留学もしました。革命家こそ私の憧れ。「社会の不平等を埋めるための仕事をしたい」「世の中が変わるなら討ち死にしてもいい」とまで思っていたのです。

学校卒業後はＮＰＯ活動に没頭。消費者の立場から、多国籍企業やグローバル資本主義など何か大きなものと戦うことが正義だと思っていました。しかし、熱くなるほど、敵の強大さや自分の無力さを思い知らされ、虚しさと絶望感が募るばかり。

当時の私は仕事中毒で結婚も子育ても興味がなく、家事はできればしたくないと、自分の女性性を完全に否定していたのです。それなのに結婚することになりました。

❀ 未来食の実践、そして自宅出産へ

初めての妊娠。喜びもつかの間、私は流産してしまい、ショックで泣き暮らす日々。再び命を宿した時は帝王切開による出産。敗北感でいっぱいでした。

そうしてようやく、自分の心と体に向き合うことができたのです。自己流の菜食を続けていた私は、塩と油不足で体が冷えていたのでしょう。そして不規則な生活や薬に依存しながらの頑張りに、体がボロボロになっていたのです。

その時、未来食と出会い、セミナーを受講。心と体と食の本当の関係を知り、衝撃を受けた私は、すぐに実践し始めました。

そして第三子を妊娠。この時は、自然なお産というこだわりをとるか、帝王切開というリスク回避をとるか、選択を迫られました。

散々迷った私が出した結論は、形にこだわるのはやめるということ。そして、安心して何でも話せる助産師さんのいる産院で、予定帝王切開をすることでした。

すでに完全に未来食に切り替わっていたので健康そのもの。つぶつぶスイーツも食べ放題で、心も穏やかに、自然体でいられる、幸せな妊婦生活でした。

「お母さんは、安全のためにお腹を切ることにしたけど、自分で生まれたかったらその前に生まれておいでね」

そうお腹の赤ちゃんに話しかけていたら、それが現実になったのです！

オペ当日の早朝に陣痛が来て、自分で生まれてきてくれました。

未来食を実践して10年。ありがたいことに第四子の命が宿りました。

自分の体を信頼できるようになっていた私は、今さらお腹を切る気になれず、自己責任で自宅にてプライベート出産を選択しました。母子手帳ももらったものの検診には行かず、陣痛が来てからも普段の生活のままでした。

そして、夫と子供たちが見守る中、5時間半後にツルッと自分の手で赤ちゃんを取り上げたのです。それは感動的な瞬間でした。

❋ 未来食という静かで美しい革命を

料理が苦手だった私が、未来食に出会って料理の面白さに目覚め、そしてつぶつぶ料理コーチになりました。

お金を使うことへの不安や罪悪感も、今は「お金は望む現実を作るために出すエネルギー」

であり、「もらうお金は社会への貢献度」だと考えられます。

イライラがなくなり、毎日夫にハグして、「愛してる」「大好き」「いつもありがとう」と伝えられるようになったのも、未来食のおかげです。

未来食を実践して、身近な家族を大切にすることこそ、私が本当に望んでいた平和な世界を創造する道。戦うことをやめて、日々の暮らしを楽しめるようになると、気がついたら私の周りには笑顔があふれていました。

政治や経済は変えられなくても、私たちが今日何を食べるかは今すぐ変えられます。そして、できないことに意識を飛ばして憂うよりも、今ここに意識を集中し、できることを一つ一つやって、それを広げていこう。そんな気持ちで日々キッチンに立っています。

この奇跡の伝え手として、家庭のキッチンから、誰とも戦わない、静かで美しい革命の光を放っていく。今は、つぶつぶ料理コーチという生き方を心から楽しんでいます。

episode 3

教員を辞める決心をしたその時に夫の会社が廃業！ つぶつぶ料理教室が義父母も巻き込む家業に成長

（大森かおり　主な活動地域／滋賀県　家族構成／夫、息子二人、夫の父母、夫の祖母）

❋教員をやめようと決意した途端、夫は失職

幼い頃からの夢を叶えて小学校教員に。しかし現実は厳しく、問題に振り回されて自信をなくし、心身ともに疲れ果てていました。夫に愚痴を聞いてもらいながらなんとか続けられたのは、夫より高収入だったからです。

お金で苦労し質素倹約を旨とする両親に育てられた私は、いつも貯金しておかないと不安で、お金を使うことに罪悪感がありました。

そんな私に転機が訪れました。長男を授かり、念願の育休に入ったのです。

出産を機に食を見直そう。ある日、図書館で未来食のレシピ本と出会いました。試しに、雑穀とジャガイモ、玉ねぎを炊き合わせたら、そのおいしさにびっくり。ママ友たちに教えたら、

「おいしい！　作り方を教えて！」と、たちまち大人気料理になりました。

お肉も砂糖も卵も乳製品も使わないのに、今までになかった、心身ともに満たされるおいしさでした。大きな可能性を感じた私は、未来食セミナーに参加。

「究極的に人間は、穀物と塩と水があれば生きていける」

今までの価値観と180度違う内容に驚きました。即効料理術も満載で、料理経験が少ない私も簡単に作ることができました。

毎日楽しんで料理し、食べているうちに、体がポカポカ、心配性やイライラもいつしか軽減され、自信がついてきました。

「今まで不安にフォーカスしていたから、望まない現実がやってきていたんだ」

「今やりたいことを全力でやろう」

「将来の不安からお金のために働くのはやめよう」

長男出産から3年、育休の期限切れを前に、退職を考え始めました。

ところが、夫の勤めていた会社が廃業、来月から収入がゼロになるというのです。

以前の私なら、公務員である小学校教員の仕事を辞める選択はしませんでした。でも不思議なことに、その時は、退職後の未来に不安を感じなかったのです。

夫婦揃って定職を失い、アパート代を支払い続けることはできなかったので、夫の祖母が暮らしていた家を簡単にリフォーム。夫の両親と住むことになりました。

そして、夫は独立して自宅で仕事を始め、私は未来食を伝えられる資格を得ようと研修を受け始めました。

❋ 夫と夫の両親も巻き込んでつぶつぶ料理コーチとして活躍

それから5年。最初は未来食を食べてくれなかった夫でしたが、私の気持ちを真摯に伝え、私自身が楽しんで未来食を実践するようになると、夫がセミナーを受講してくれたのです。夫が未来食を楽しむようになると、花粉症や風邪に悩まされなくなり、夫自ら食と農の大切さを訴える動画をSNSにアップ。価値観を共有するようになると夫婦仲は新婚時代よりもよくなり、信頼し合うようになりました。

夫の両親にも、普段から感謝とコミュニケーションを心がけていると、義母も未来食セミナーを受講。未来食を楽しむようになると、義父は10キロ以上、健康的に体重を落とし、食と意識の転換によってがんが治りました。

夫も夫の両親も協力的で、参加者を駅まで送迎したり、掃除洗濯を助けてくれたりと、家族ぐるみで未来食を伝えています。

家を社会に開くこの仕事は、子育てと家族の暮らしを楽しみながら両立できる、私の天職となりました。

信頼に満ちた人の流れと、感謝で回るお金の流れができたことで、毎月の収入は、教員時代を上回るようになり、義父母を巻き込んでの家業にまで成長しました。

何よりの変化は、心配性でケチ、正義感の塊でおしゃれにも気後れしていたのが、おおらかに、前向きに、人生もおしゃれも暮らしも楽しめる、新しい私になったことです。

そんな私と夫と家族の変化を見て、多くの方が受講してくださり、つぶつぶ料理教室が大賑わいする嬉しい現実ができました。

episode 4

私が求めていたのはときめく心だった。すべての解決策が未来食にはあった！

（石井ともみ　主な活動地域／青森県　家族構成／夫、娘二人、息子一人）

動物の命を生かしながら同時に奪っている現実

11年前、長女のアトピーをきっかけに、体にいい食を探し、母乳のために油抜き、減塩、玄米菜食といった、自己流の自然食を実践していました。初めは、産後太りの体重が落ちて喜んでいたのですが、だんだん体調がおかしくなっていったのです。

食べたものがうまく吸収できなくなり、体温調節ができなくなるほど痩せこけ、ついには生理も止まってしまったのです。赤ん坊を抱いて立っていることもできないほど衰弱してしまいました。

病院に行くと、「卵巣が萎縮しているので閉経、自然妊娠は無理です」という宣告をされてしまったのです。

ショックを受けた私は、何をするにもやる気が出ず、泣いてばかりのうつ状態。心配する夫や家族とも対立し、離婚を考えるほどでした。

小さい頃から動物が好きで、「全ての命を生かしたい」と獣医師に。しかし現実は全く違っていました。

高度な治療でペットの病気を治す一方、その治療を開発するために命を奪われる実験動物。本来の生育形態を無視し、食用肉として工業製品のように扱われる畜産動物。

そして、青森県六ヶ所村にある核燃料再処理工場にかかわる人々のドキュメンタリー映画「六ヶ所村ラプソディー」で原発の怖さを知りました。

現実が抱える矛盾になすすべもなく絶望感に襲われる一方、お金や生活のために獣医師として働き、義務的に子供の世話をする日々。長女のアトピーや食に悩み、「こんな人生なら早く終わればいい」と、無気力に生きる日々。

そんな投げやりな気持ちも、心身の調子が崩れた大きな原因だったと思います。

❋ 長女のアトピーも消え、40歳を過ぎて3人目も

こうした葛藤の時期に出会ったのが未来食でした。

そのおいしさや発想の豊かさに感動し、恐る恐る実践するようになると、私の体調は快方に向かいました。

思い切って東京で開催された未来食セミナーに参加。長女のアトピーの原因も、私の心身がボロボロになった原因も、それを回復させる方法も、さらには反生命の食の問題、原発や戦争の問題も……「全ての答えはここにある！」と、震えるほど感動しました。

未来食は、それまでに私が教わった玄米菜食や自然食とは全く違っていました。

油と塩の大切さを知り、体にいい塩と悪い塩、いい油と悪い油があり、驚くほど簡単なプロセスで、感動的においしい料理が作れるのです。

私は嬉しくなり、日常生活に戻ってから、作っては食べ、作っては食べを繰り返していると、

心も体もグングン回復していきました。そして、食のこと、健康のことに不安がなくなりました。

不妊と言われたのに、気づけば2人目を自然に授かっていました。やがて3人目も、母体が40歳を過ぎているにもかかわらず驚くほど安産で、元気に生まれてきてくれました。

今なら、かつて卵巣が萎縮し、閉経した原因が油抜きにあったことがわかります。

そして、誰もが驚くほど産後の回復が早く、20代で長女を授かった時とは比べ物にならないほどです。

長女のアトピーも自然と消え、次女と一緒に元気いっぱいに遊びながら、末っ子の長男の面倒もよく見てくれています。全てに感謝の念が生まれ、自信も取り戻し、夫や子供に対する接し方も変わりました。

思いと言葉と行動の全てに矛盾のない世界が実際にあることを体感した私には、それを伝える責任があると思うようになりました。

「みんなが未来食を知り、おいしいねと食べるだけで、全ての問題をひっくり返すことができる！」そう確信し、獣医師の仕事を辞めて、つぶつぶ料理コーチになることを選びました。

恋するみたいに未来食に夢中になって今がある

生まれつき自己免疫疾患があった私は、2歳半で入院、ステロイド投与の治療を受けていました。退院後も運動は一切禁止。いつも冷えや疲れやすさに悩んでいました。

結婚し授かった娘はひどいアトピー。「いいものを食べさせなきゃ！」「今まで無頓着だった分、地球環境や現代社会をよくするために貢献しなきゃ！」と、真面目に自然食や自然生活をしていた時期がありました。

食卓は制限ばかりの茶色い料理。

オーガニックコットンで作られたアースカラーのだぼだぼした服に、ノーメイクは、30歳なのにまるでおばあちゃんみたいな格好。着心地はいいけれど、ときめかない。だから、甘いものをやめられず、批判的になり、すぐ夫と言い争いになっていたのです。

そしてつぶつぶに出会い、出てくる料理のおいしいこと、美しいこと。クリームコロッケ、エビチリ、春巻き、餃子、ミートソースパスタも！ スイーツだってすごい種類とバリエーション。わたしの大好きな洋菓子、タルトやビスケット、アップルパイ、アイスからあんこまで。おまけに調理法は、ずぼらな私にぴったりなシンプルさ。しかも全てが植物性。

「わあ～ぜんぶおいしい！」

「わあ～雑穀ってすごい！」

「こんなに簡単で、おいしくて、体によくて、地球にも優しいなんて!!」

台所に立つのもおっくうで、料理が大っ嫌いだったのに、恋するみたいに夢中になって、本を片手に雑穀料理を作りまくったんです。

そして未来食セミナーを受講、「ああ、私、こういう話が知りたかったんだ！」と、人生がひっくり返るほどの衝撃でした。

つぶつぶクッキングのおいしさとトキメキ！

これが、私がつぶつぶクッキングにはまった理由です。

恋するみたいにときめいて生きる喜びを伝えたい、今はそう思っています。

episode 5

安定を求めて国家公務員になった私が大変身。今、夫も私も心が受け入れられる現実を生きている

（村上美保　主な活動地域／長野県　家族構成／夫）

短大卒業後外務省に入省、夢の海外生活へ

7人家族、4世代同居の兼業農家に生まれ育った私は、いつも周りの顔色や反応が気になり、自分の意見や気持ちがなかなか言えない子供でした。

進学校で受験勉強をしたものの、希望の大学に入れないと判断すると、すぐに諦めて短大へ。仕事は生計を立てる手段、就職先は公務員を選択。常にリスクを避け、安心、安全な道を選んでいました。

でも本当は、外国や外の世界に自分が求める何かがあると、ずっと思っていました。公務員試験を受ける過程で、海外勤務ができる中央官庁を知り、外務省の一般職として入省。霞ヶ関に勤務となり、やがてイギリスとエジプトに計7年間暮らすこともできました。全く異なる環

境でさまざまな価値観に触れ、全てが新鮮で貴重な経験。

けれども憧れを手にしたあとに残ったのは空虚さ。仕事は真面目にこなすものの、心は不完全燃焼でした。


やがて結婚し、娘ができました。

ところが1歳でアトピーを発症。幼い頃、弟がアトピーの治療でつらそうにしていた姿が頭をよぎり、薬に頼らずに治せないものかと模索し始めたのです。

そこで出会ったのが自然食でした。

医師やアレルギー専門家の話に納得できなかったことが、自然食の考え方や、食べ物と体の関係を聞いて全てがつながり、腑に落ちたのです。

そして、私自身が食に対する認識を変えたことで、娘のアトピーはいつの間にか治っていきました。

こうした経験から、食にかかわる仕事をライフワークにしたいと思うように。ただ、その覚悟がなかなかできませんでした。

不安や闇ではなく光に向かって生きる

２０１１年、東日本大震災。放射能を不安に思っていた時、私は未来食に出会いました。未来食で学んだのは生き方そのもの。

不安ではなく、希望や夢といった光に向かう生き方を教わった時、心が震えました。その頃の私はまさに不安ばかりを増大させ、闇の中をさまよっていたのです。

でも、光に向かって進めばいい。私の中で希望が膨らみ始めました。

ネガティブなことにフォーカスする癖がなくなり、さまざまな情報に振り回されない自分の軸と土台ができたのです。変化を楽しめるようになり、自分に対する信頼や感謝が溢れ、自信が持てるようになりました。受け身で消極的だったのが、行動的で活発になっていきました。

私が変化するにつれて、うつ病を抱えた夫にも変化が生まれました。

思えばそれまでの私は、無意識に正しさを基準に物事や人を判断し、自分の正しさを夫にも押し付けていました。

もう非難したり否定したりするのをやめて、ありのままを認めるようになると、夫の態度も柔らかく変化していったのです。

そして、未来食に変わったことで、胃もたれや胸焼けなどの、夫の慢性的な体調不良がなくなり、すっきりと痩せていきました。

我慢することも妥協することもなく、安心して同じ食事をともにすることができる幸せと喜びを、未来食に出会って改めて実感しました。

❋念願だった食にかかわる仕事へ

未来食には、自由で軽やかな楽しさがあり、知識や我慢が一切いらないおいしさがありました。真面目で不完全燃焼だった私の生き方に、新しい風をどんどん吹き込んでくれたのです。42歳の時、ついに20年以上続けた公務員を退職し、家族で自然豊かな長野県安曇野に移住しました。

そして、つぶつぶ料理コーチとして、念願の食にかかわる仕事に就くことができたのです。

幸せは時々感じるものではなく、幸せな自分が当たり前なのだと感じています。

自分の意識次第で、見える世界が変わり、現実が変わる。本当の幸せは遠くの何処かにあるのではなく、自分の中にあります。そして、人生の主人公は私なのです。

ただ思い描く人生を生きればいい。日々の料理を通じて、その具体的な実践方法を教えてくれたのが未来食でした。

恵まれた環境にいるのに、何かを妥協して諦めながら生きているなら、未来食はその状況が変わるきっかけになると思っています。

episode 6

放射能の恐怖から脱出、憧れの田舎暮らしを実現。自分で育てた雑穀で伝える料理教室が大人気！

（岩崎信子　主な活動地域／埼玉県　家族構成／夫、息子二人）

❋ バイクに乗って東奔西走の自分探し

19歳の時から、バイクにまたがり、テントと寝袋を持って、日本一周の一人旅。ピーク時には千人を超える女性ライダークラブのリーダーに。かつての私の人生は、大好きなバイクとともにありました。

そして、人との出会いを求めて東奔西走。それは、いつも何かをしなければという焦燥感にかられ、外へ外へと自分の居場所を探す、ある種の自分探しの旅をしていたのかもしれません。

そんな私に転機が訪れたのは40歳の時。ライダークラブのメンバー間に亀裂が生じ、丸く収めようとする私に、心ない言葉が投げつけられました。傷ついた私は寝込むほどに。

何も聞きたくないと思ったら耳が聞こえなくなり、何も話したくないと思ったら声が出なくなりました。それほど心を病んでしまったことで、はからずも、心と体は一致していることを、身をもって体験しました。

そんな私を救ってくれたのが、未来食のつぶつぶ料理教室。なんとか参加した私は、アワを食べ、そのおいしさに感動したのです。寝込むほどの状態だったのに、翌朝元気に起き上がり、気分爽快になっていました。

「雑穀には底知れぬパワーがある！」

そう確信した私は、雑穀ご飯を食べているうちに気分も前向きになり、次第に立ち直っていったのです。そして、心と体にはバランスがあることに気づきました。

その後、未来食のイベント「山形いのちのアトリエのオープンハウス」に参加。その空気感、居心地の良さ、そして、ゆみこさんの家族を受け入れるような姿勢に感動し、「こんな暮らしがしたい」と思うようになりました。

❋東日本大震災の放射能の恐怖が現実のものに……

早速、夫と2人の息子と一緒に、東京から、埼玉県小川町の丘の上に建つ小さなログハウスに移住。

念願のスローライフでしたが、実際の田舎暮らしはやることがいっぱいでした。暮らしのために費やす時間が大幅に増えたのです。春夏に何度も行う草刈り、冬は電気を使わず、薪ストーブだけを使うために薪割り、ご近所さんに頼まれて大木を倒すなど、夫も大活躍でした。

そして、仲間とのお米づくりもスタート。土に触れて暮らし始めると、私はぐんぐん元気になりました。そして、主食のお米を自分たちで作れるようになり、大きな安心感と生きる自信がついたのです。

外へ外へと何かを求めていた私も、今ここに生きることに落ち着きました。

そんな時に起こったのが東日本大震災。放射能は私たちの田畑や暮らしの全てに降り注ぎました。

全国の母親たちが子供たちの未来のために立ち上がったように、私も無我夢中で情報を調べ、行政や学校に掛け合い、声を上げる日々。

しかし、恐れと不安から来る行動は、いつしか私の体を不調に陥れました。足は象のようにむくみ、動悸が止まらなくなり、玄関への階段すら昇れない状態に。病院で診断されたのは、甲状腺機能亢進症。放射能を恐れていた私は、この現実にノックアウトされてしまいました。

❋ みんなが集える雑穀畑を作ります！

そこで私は「未来食セミナーScene1」を受講。ゆみこさんはこう言いました。

「頭の中を占めていることが、現実に目の前に現れるのよ。未来は自分で創り出すもの」

衝撃が走りました。「あ〜、その通りだ」。心が不調になったら体にも現れる体験をしていたので、深く納得できたのです。今回の不調もまさに同じでした。

それからの私は、食と意識の転換をはかり、体への信頼を取り戻していきました。問題に直面する度、自分を見つめ、目の前のことを受け入れ、こだわりや思い込みを手放す。その度に、新しい私が始まりました。

「みんなが集える雑穀畑を作ります」そう宣言した途端、不思議なことに翌週、隣に住む地主さんが、「ここを畑にしたらいい」と言って開墾を始めました。

「広すぎる。一人ではできない」

私一人ではできなくても、場が整えばいろんな方が手伝いに来てくださるようになり、皆さんの協力で見事な雑穀畑が誕生しました。

現在私は、未来食を広げるつぶつぶ料理コーチの活動とともに、10種類の雑穀とお米を育てています。５アールの田んぼを借りて、お米作りを始めれば、家族４人の１年分のお米を自給することができます。これが今の日本を変える鍵だと思っています。

未来食のおかげでますますパワーアップしています。夏のきつい田の草取りも、限界を超えられた時、「限界なんて本当はなくて、自分で作っていただけだったんだ」と気づきました。50歳を超える今が、人生で一番元気です。

episode 7

冷え性、うつ症状、体調不良に悩む看護大学教員から料理を通して真の看護を伝える超健康な私に！

（山田博子　主な活動地域／滋賀県　家族構成／夫、息子二人）

❋プロでも実践は難しい食事法

糖尿病などの生活習慣病は、食事や運動などの生活を改善すればいいはずなのに、病気が良くならない人が多いのは何故なのだろう。大学で看護を学んでいた時そんな疑問が湧いた私は、卒業研究として慢性病患者にインタビュー調査をすることになりました。

すると、「味が薄くてまずいものは食べたくない」「病院では計算して作ってくれるけど、自宅でカロリーを考えながら料理を作るのは難しい」という患者さんの本音を聞くことができました。

卒業研究を指導してくれた先生は慢性病看護学のプロ。しかし、ご自身も糖尿病で、毎日食事のカロリー計算をしているのに太っていました。

つまり、健康を保つための食事法は実践が難しく、その道のプロであっても実際は肥満が解消されず、糖尿病は改善されていなかったのでした。

看護のプロになり、誰よりも一番健康でいたいと思った私は、大学で習った栄養の知識に加え、テレビや雑誌からも情報を集め、自己流自然食、減塩とカロリー制限のある食生活を始めました。

肉は鶏のささみ、魚は焼き魚、油はなるべく摂らない。卵は1日1個。減塩。野菜サラダか野菜ジュースは必ず。牛乳かヨーグルトのどちらかは必ず毎日とる。

自分ではかなり健康的な食生活をしているつもりでしたが、看護師として働くようになると、手が痺れるほどの冷え性になっていました。靴下の重ね履きや薬膳酒などさまざまに試してみても、根本的に改善しません。

そのうち対人関係のストレスも重なって、うつ症状が出るようになりました。

当時の私は知らなかったのです。人間の生命力を維持する本物の食べ物と、生命力を低下させる偽物の食べ物があるということ、そして、体を冷やす食べ物と体を温める食べ物があるということ。体に良いと思って食べていたものが、実は冷え性やうつ症状に影響していたのです。

❋ 未来食を食べたいだけ食べたら冷え性が改善

軽い卵アレルギーがあった長男のおやつ作りを考えていた時、未来食に出会いました。未来食セミナーは驚くことばかりで、雑穀でハンバーグやオムレツ、パンケーキやアイスクリーム、チョコレートに至るまで、何でも作れるというのです。シンプルで簡単な調理法なのにおいしい。おいしい＝体にいい。以来、未来食を作って食べたいだけ食べていたら、手が痺れるほどの冷え性が改善し、疲れにくくなったのです。

それから私は、16年間実践していた自己流自然食をやめました。

そんな中、夫と評判のインドカレーを食べに行った時、食後に、生後4ヶ月の次男に授乳を始めました。すると次男は、ガブッと乳頭を噛み、激しく泣き始めたのです。マイルドなベジタブルカレーを選んだのに、香辛料が母乳に影響したのかもしれません。お母さんの食べたものが母乳になる。ここまで影響するとは思いもよりませんでした。

この時、乳頭に傷ができたことから乳口炎になりました。傷の治癒には、授乳回数を減らす必要があります。お腹が空いても母乳を与えてもらえない次男は、泣き疲れて目が虚ろになっていきました。

このままではこの子は弱ってしまう。そこで粉ミルクを哺乳瓶であげてみたのですが、全く吸ってはくれません。

「離乳食には早いけど、ヒエのスープをあげてもいいですか？」

助産師の許可を得て与えたら、次男がゴクゴクとおいしそうに飲んでくれたのです！

改めて雑穀の威力を思い知りました。


次男の育児休暇が終わり、看護学部の教員に復帰。これまでの体験から、「本当に人間の体に合った食べ物のことを伝えたい」という思いが高まりました。しかし、現代の看護学教育の枠組みの中では、真実を伝えるのは難しく、葛藤していました。

けれども、「家庭で料理をする女性が、未来食を実践できるようにすることが、自分の役割」「真の看護を伝えるナースとして、地域で未来食を伝えよう」と決心したのです。こうして、つぶつぶ料理コーチとして活動を始めました。

❋ 食の断捨離をしたらおいしく食べて体も整った！

つぶつぶ料理教室の受講生が「博子さんのブログの昔の写真を見ると、別人かと思うほど。

今はすっきりスリムになって、若返ってますよね」と言ってくれました

２０１7年3月と12月のビフォー・アフターの写真を比べてみると、首も細く、小顔になって、唇もピンクに締まり、あごのラインも肩もスッキリ。一番驚いたのは私自身でした。

当時、つぶつぶ料理コーチになって教室を始めたので、おいしい試食が出せるように、未来食セミナーScene1のメニューを何度も何度も作って食べていたんです。

「あ〜おいしい、幸せ♪」砂糖なし、乳製品なし、卵なしのあまいスイーツも、家庭で楽々作れて食べ放題。

すると……スリムになっていたのです！　肌もツヤツヤぷるん。ランニングも、ヨガも、なんにもしていません。

未来食セミナーとその後の実践で食の知識と意識の断捨離に取り組んだことで、体から、いらないものが勝手に消えてしまった！　それが真実です。体重計もほとんど使わないので昨年断捨離。

体重も気にならなくなるくらい、おいしく食べて体が整う。大学時代に抱いた疑問の答えがここにあったのでした。

episode 8

正しさを求めてイライラを撒き散らしていた私がつぶつぶスイーツでニコニコ母さんに！

（本多恵津子　主な活動地域／神奈川県　家族構成／夫、息子二人）

❋甘いものを我慢したらイライラが募り……

長男を出産後、間もなく私はひどい乳腺炎になってしまいました。助産院に倣って玄米菜食を始めると、あっという間に乳腺炎は治り、子供のアトピーも良くなりました。食と体が密接に関係している。小学生の頃からの趣味はお菓子作りだった私でしたが、甘いものは良くないからとお菓子は封印しました。

子供たちには自然食系のおやつを勧めたのですが見向きもしません。しかも、外で出されたお菓子にがっつき、スーパーに行った時にはお菓子売り場から離れず、困っていました。

「健康のために、家族のために、こんなに我慢しているのに、どうして思い通りにいかないのだろう」と、不満やイライラが募るばかり。

さらに、夫や上司にも言いたいことが言えず、「私さえ我慢すれば」と自分を納得させようとしていました。けれども「なんで私だけ！」と突然キレたり、「私は正しい」と偉そうな態度で他人に当たっていたのです。そして、どんどん心が縮こまっていきました。

そのうち、心身ともに外で働くのはもう限界と思うようになり、それまでの仕事を辞める決心をしました。

「これからどうしようか」と考えていた時、未来食セミナーに心惹かれて受講することに。転機となったのは、未来食セミナー Scene2 でした。一日半をかけて、簡単にできる「つぶつぶスイーツ」を20点以上学んだのです。その時のゆみこさんの言葉に心がときめきました。

「スイーツは心の栄養。自宅をお菓子の家にしちゃいましょう」

その言葉に導かれ、私は毎日つぶつぶスイーツを作るようになりました。

最初は子供のためと思って作っていたつぶつぶスイーツ。おかげで、私自身が甘いものを食べたいだけ食べられるようになりました。すると、いつの間にか満ち足りた気持ちになったのです。

本当は甘いものが大好きだったにもかかわらず、ずっと我慢していたことに気づきました。食べ物のおいしさや居心地の良さなど、あらゆることを我慢していたのです。

未来食によって、食と心の関係の深さを知り、自分のことがわかってきました。

「かあちゃん、神だよ！」

ある日、おやつを手早く作る私を見て、息子が言ってくれた言葉。息子からの尊敬の念を感じ、私は子育てに自信が持てるようになりました。

そして、家でいつでもスイーツタイムが始められるようになり、いつしか子供たちはスーパーのお菓子売り場を素通りするようになっていたのです。

❋甘いものへの我慢から解放されてしなやかな私へ

未来食セミナーScene2で甘いものへの我慢から解放されると、「～しなければならない」という思い込みの枠を次々と外すことができました。

「子供をちゃんと育てなければ」と思っていましたが、今は子供を信頼し、支配せず、見守れるようになりました。

自分が我慢をしていると、我慢していない人が許せません。自分が家族に愛されていることにも気づけないのです。

かつて自分が我慢している時には、夫や息子たちに不満や愚痴をぶつけていました。そして、何か悪いことがあると、全て「周りのせい」にしていました。今ではそのようなことは全くなくなり、被害者意識を手放し、自分で問題を受け止め、それをどうやって解決しようかと楽しむことができるようになりました。

そして、自分が感じたこと、自分がおいしいと思うものを大切にするようになり、我慢の鎧に埋もれていた「私の声」に従って生きることで、深い喜びや感動を味わっています。

こうして今は家族と食卓を囲み、笑い合っています。何も制限せず、仲良くのびのびと暮らす日々を、心から幸せだと感じます。

episode 9

娘二人を未来食で育て上げたシングルマザー。オトナ女子の食育プランナーとして50代を輝かせることに夢中！

（坂野純子　主な活動地域／埼玉県　家族構成／一人暮らし）

ドラマチックに、青春を燃焼したい！　でも？

昭和40年、第2次ベビーブームのさなかに生まれ、都内のマンモス団地で育ちました。

「楽しいこと大好き、お祭り大好き、もっともっと自分の思うままにはじけて生きたい！」

テレビとマンガの影響を強く受けた私は、小学生の時から「青春」という言葉が醸し出すものに憧れていました。

「進学、就職、結婚、主婦というレールの上だけじゃつまらない！　ドラマチックな人生を送りたい」とも思っていました。

それなのに、だんだん「レール以外の道を楽しく進めるのは、お金持ちや何かバックグラウンドがある人」と思うようになって、バブル下の学生・ＯＬ時代を普通に楽しみ、そのまま結婚、出産、育児と、レールの上を歩いていました。

❋ 暮らしを良くする仕事をしたい

何でも手作りする母の影響からか、自然派でいたい、暮らしを良くする仕事をしたい、という思いが若い頃からありました。

おばあちゃんの知恵を学び、食事は無添加にこだわり本棚には料理本が１００冊くらいありましたが、今ひとつ手応えも満足も感じられませんでした。

何か資格をとらなければと、食生活改善委員の勉強などしましたが、それを活かす場もわからない。資格の勉強はどれも中途半端に終わってしまい、何かやりたい、でもわからない、そんな時間を過ごしていました。

そして、私が30歳、長女が3歳になるときに、砂糖を使わないスイーツを探していたら、未来食にたどり着きました。

それまで良いと思っていた健康食とは全く違う考え方に驚きました。料理のシンプルさとそのおいしさに感動した私は、「これだ！」と持っていた料理本を処分して、つぶつぶ料理教室に通い詰めました。

未来食を実践しているゆみこさんや講師、スタッフの人たちがみんなおしゃれで自信を持ってキラキラと仕事している姿はまぶしいくらいでした。

その秘密を知りたいと思って未来食セミナーを受け、実践を続けていたら、アルバイト募集の張り紙が！ すぐに応募しました。その後、運良くスタッフになることができました。消えかかっていた「はじけて生きたい！」という気持ちが燃え出すのを感じていました。

仕事ではゆみこさんから湧いてくるアイデアが形になっていくプロセスからたくさん経験をさせてもらいました。また、未来食を実践することで、本当に多くの女性たちが、家族が、変わっていくのを目の当たりにしていきました。

2013年、「あたらしい私になる」をテーマにセミナーをオーガナイズしました。たくさんの女性がキラキラと輝き始めるのを目の前で見ているうちに、「私も、独立して自分の力を試したい！」という思いが心の底から湧いてきました。

当時、49歳。既に離婚していた私には、子供が2人。不安がなかったと言えば嘘になりますが、でも、自立を果たした多くの女性たちを見ていたので、自信はありました。

夢のような職場を退職し、1人のつぶつぶ料理コーチとしての新しい生活が始まりました。

その頃、未来食で育てた思春期の娘たちは反発して不良化し、私は小言が絶えなかったのですが、真剣に生きる私の姿を見て変わっていきました。

娘たちのほうから何でも相談してくるようになり、「ママはホントに私を信頼してくれているよね。すごいことだと思う、私もそういう親になりたい」と嬉しい言葉が出てくるようになりました。今では、2人とも素敵なパートナーをみつけ、独立しています。

❋ 50歳からどう生きるか

50歳になった私は、「これから100歳までどう生きるか」ということを真剣に考えました。巷の50代は、介護や更年期にサプリ、子供の進路の話題ばかり。でも、未来食を実践する私は全て無縁です。

両親も有り難いことに健康診断オールA。

これからは50代が本気で人生を楽しく生きる姿を30代に見せ、30代がそれを真似、その姿を10代、20代に見せていく……。そうやって人生の楽しさを伝えていきたいと思いました。

私のつぶつぶ料理教室に参加した方は、皆さん口々に、

「料理がより楽しくなってきた！」

「つぶつぶに出逢ったときのワクワク感を思い出した！」

「『料理以外のもの』も受け取った、コレがスゴイ！」

「純子さんのクラスはクセになる」

「背中を押してもらった」

と、本当に楽しそうに言ってくれます。

今、レッスンに通っているKさん（50代）は、私と出会った2年前は「この先どう生きていっていいかわからない」と言っていました。それが今ではつぶつぶ料理コーチになり、とっても元気に。また、私の最初のレッスンからずっと通い続けてくれたTさん（50代）も、当時は人生に夢も希望もなく日々を過ごしていましたが、今はつぶつぶ料理コーチになり参加者からは「逢うと元気がもらえる！」と言われる人気講師として活躍しています！

❋ 大人女子の食育プランナーとして

私の教室は大きなちゃぶ台がトレードマークで、通称「.ｊｕｎｋｏ場」と呼んでいます。「場」と「Ｂａｒ」をかけて人がどんどん集う空間です。

そして「ここは安心して目覚められる場所・子宮」のイメージを持って運営しています。

「目覚めるのはドキドキするけれど、ここは赤ちゃんが育つ『子宮』のように安心・安全・信頼に囲まれ温かく必要な栄養がちゃんとあり、どんどん目覚め育っていける場。でも、ずっとここに居るのでなく、今度は自分が子宮になっていく、そしてまたその場で育つ人がいる、という大きな宇宙の流れの中の一部です」

そんな話をするようになったら「子宮に響きました！」とレッスンに来てくださる方が続々と現れてきました。

「ここで習うと人生が変わる」と、参加者が押し寄せる料理教室になり、収入も右肩上がりで伸びています。

私は、ゆみこさんが、未来食というツールを使って、女性たちをどんどん輝かせていく姿に憧れていました。が、気付けば、今、自分がその場を創っている、私にも出来ている、「あーこれがやりたかったこと！」と、本当に嬉しいです。

歳を重ねるとはどういうことか。50代が社会を動かす力になるには、まず食を整えて自分を動かしていく。そんな「大人女子の食育プランナー」として、これからも未来食を伝えていきます。

自分がここに居る、それだけで、楽しくはじけている！ もうすでに、ハッピー。後半50年、たのしいぞー！

episode 10

不登校の娘が教えてくれた未来食。夫婦で健康を取り戻し理解し合える仲良し家族に！

（伊藤礼子　主な活動地域／埼玉県　家族構成／夫、娘、息子）

❋ 体調不良で健康オタク夫婦

夫はひどい花粉症。病院の処方薬で症状は収まるものの副作用で眠くなり、日中は仕事になりません。夏は下着のゴムにかぶれ、水虫に悩まされていました。

私も花粉症でしたので、評判のいい健康食品や健康法をせっせと試し、夫婦でジュース断食をしたこともありました。いっときは体調が良くなるのですが、食事をしないことがつらく、結局続きませんでした。

迷走してはいましたが、夫や子供のため、それなりに食生活には気をつけていました。

しかし、甘いものはノーマーク。20歳の頃から毎日チョコレートを一箱食べないと気が済まなかった私は、一生分のチョコを食べきったのか、40代になると、チョコを食べると体に発疹ができるようになりました。

そして、「このままでは本当にマズい」と、本気で食の改革に取り組むことにしました。

まずは玄米菜食を学びました。家族の体調は良くはなりましたが、スイーツが少なく、ストイック過ぎて、行き詰まってしまいました。

もう少し楽しくて体に良い、スイーツもおいしい食事法はないものか、と探すようになったのです。

❋ 不登校の娘がきっかけで未来食と出会った

ある日のこと。生協のカタログを見ていた娘が、『つぶつぶミラクルスイーツ』（大谷ゆみこ著・パルコ出版）にピンときて、この本を買ってほしいと言うのです。

「雑穀でスイーツ？」とためらう私でしたが、不登校の娘が興味を持てるものができたらという気持ちから注文してみました。

届いた本を見ると、すごくおいしそうなスイーツがずらり。けれども雑穀の扱いがわからない私は、ただパラパラ眺めているだけでした。

しばらく経って、息子の同学年のお母さんが「つぶつぶ料理教室」を開いていることを知り、参加しました。

そこで不思議な雑穀粉と出会いました。ヒエ粉がスイーツに変身し、出来上がった「つぶプルスイーツ」を食べた時には、文字通り爪の先までぽかぽかになったことを記憶しています。

それから私は未来食を学び始め、玄米菜食を卒業しました。


未来食はダイナミックで簡単でおいしい！　しかもバラエティ豊か！　大好きなスイーツもたくさん！　雑穀を使ってチョコレートを再現することもできるのです！

甘くて心から満足できるものが自分で次々と作れることに本当に感動し、うれしくてたまりませんでした。

そうやって、未来食を楽しみ始めて1～2年もすると、夫のアレルギー症状は改善し、薬も全くいらなくなりました。私の体調も良くなり、チョコ中毒からも脱出していたのです。


未来食の面白さは、食を変えることで意識も変わるところです。

未来食セミナー Scene1 という講座を受講した時、「命の居心地の良さを真剣に追求する」ということを学びました。

「私は居心地の良さを求めているかな？」

もともと絵を描くことやお話を作ることが好きな自由人。美大に行き、マンガを仕事にしているのに、いつの間にか「大人として、社会人として、こうあらねば」という考えにとらわれ、自信を失っていたのです。

ずっと、自分ではないものになろうとして、じたばたしていました。自分は人生のわき役だと思い込み、居心地の悪さを人のせいにしてり、夫に文句を言っていたのです。

でも、自分が主役の人生を生きられるのです。本当は何でも自分で選べるし、今までも選んできた。創造的なことが大好きだった私を思い出しました。

これも未来食に出会えたおかげです。

❃もっと早く出会っていればもっと遊べたのに！

現在、社会人1年生となった娘ですが、小学校4年から不登校になりました。ホームスクールというやり方があると知ると、「学校でなくても、家で子供って育つんじゃない？」と思い、家で学ばせることに。以来中学3年までまるまる不登校を通しました
ホームスクールは、どう教えるか、そして教えないかは親の責任。
娘は読書が好きだから国語は読書でいい。算数と漢字はドリルを調達。社会や理科などは適当で。あとは編み物をしたり、パソコンでホームページを作ったり。当時はSNSがなかったので、コミュニケーション面は他のホームスクールのお友達と時間を決めてチャットをしたり

していました。

問題は食事でした。昼ご飯は毎日私の作るチャーハン、ラーメン、パスタの繰り返し。夕ご飯は味噌汁と野菜炒め。生協の豆腐ハンバーグが便利と思って週一で出したら飽きられました。

料理は子供にとって魅力的な遊びになり得ます。3～4歳くらいから包丁トントンや、クッキーの形抜き、卵割りなどをしたがります。でも大人は自分でやったほうが早いので、次第にやらせなくなってしまうのです。

でももう少し忍耐して子供と付き合えば、実に素晴らしく習得していきます。未来食は、ご飯も、スイーツもレシピの通りに作れば小学生だっておいしくできるシンプルさ。

我が家も子供が小さいうちに未来食と出会っていれば、「今日はどれを作ろうか」と親子で遊べたのに……。お団子作りとか楽しかっただろうな。そんなふうに思います。

❋食を変えると人生が変わる！

体の面だけでなく、心の変化も大きかったです。

50代ですが「もう歳だから」と思わなくなり、チャレンジして変わっていこうという気持ちが強くなったり、おしゃれをワクワク楽しみたい私になったり、集中力がアップして今までの倍以上の仕事がこなせるようになりました。アイデアもやる気もポコポコ生まれるようになり、苦手と思っていたパソコン教室にも通っちゃうほどになりました。

自分の人生は、全部自分がつくっています。だから、自分の力で思うように変えていける。世界は自分をうつす鏡。

そのことが少しずつ、そして深く、日々未来食を実践することでわかってきました。


同じく50代の夫も、未来食に変えて花粉症が治り、体力がついてきただけでなく、こころが穏やかになり、私の言うことにいちいちイライラして怒らなくなりました。

私が一番驚いたのは、夫が自分の心の変化を私に話すようになったことです。

私は気持ちが高ぶると、感情的になってバーッと言ってしまうので、夫にとって内容が理解不能だったそうです。でも今は、私も落ち着いて話ができるようになったので、わかるようになってきたそうです。

自分自身も以前ほど、感情に振り回されなくなったと思います。「夫につべこべ言うより、自分のやりたいことをやろう！」と、つぶつぶ料理コーチになりました。教室を開催し、エネルギーを創造的に使うようになりました。


こうしてお互いに歩み寄れるようになった私たちを見てきた娘はこう言います。

「母がキレにくくなって、夫婦喧嘩が減っていった。以前よりコミュニケーションがとれていると思う。そして、料理がほんとにおいしくなったと思う！」

こうなれたのは、料理を楽しくするようになったことで、料理からエネルギーをもらえるから。

こんなふうに、体も気持ちもワクワクに変えてしまう未来食って面白い！　この感動を誰かに伝える仕事はもっと面白い！

今、未来食を通して、悩みを一緒に解決し、人生を面白く変えていくお手伝いができることを本当に楽しんでいます。

おわりに

私のミッションは、真っ先にこの世界の探検を楽しみながら、女性が女性であることに自信を持ち、責任を持って豊かに人生を楽しむ世界をつくることです。

「心を解き放つ、もう一つの暮らしの探検家」、それが、私が一番最初に名乗った肩書きです。

あなたが、今の生活に納得できなかったのはなぜなのか、抱いていた違和感がどこからやってきていたのか、を様々な視点からお伝えしてきました。

今の現実を抜け出すための着実な方法が、未来食の実践です。

あなたが矛盾なく、自分らしく輝ける生き方や生きがいのある仕事を得たいなら、「つぶつぶ料理コーチ」になることを勧めます。

未来食の料理を毎日続けていると、食べ物の生産から流通を知ることに始まり、女性であるあなたの人生のあらゆるシーンで役立つスキルが身についていきます。

料理から暮らしを整えていくことは、思い通りになる現実をつくる最短の道なのです。

情報や物質があふれかえる現代社会の中で真実の情報を見分けて、心が受け入れられる日々を生きるにはどうしたら良いかを体当たりで模索していました。自分自身が抜け出すことに夢中でした。そして、未来食が生まれたのです。

抜け出して這い上がった岸から見える景色の素晴らしさ、そこで暮らすことの心地よさは想像を絶するものでした。そして、振り返ったら私と同じように、物と情報の洪水の中で溺れながらも抜け出したいと、もがいている姿が目に入りました。

それで「未来食セミナー」というロープを投げたのです。

でも、ロープだと握力のある人しか来られない。結び目をつけて投げれば、つまりセミナーの形を工夫すれば、もっと握力のない人でも岸に上がれる。縄ばしごにすればさらに多くの人を岸に上げることができる。それで、「つぶつぶ料理コーチ」を養成して、日本各地に「つぶつぶ料理教室」を育てることをスタートしました。「つぶつぶ料理コーチ」をどんどん増やして、縄ばしごを網にすればもっと来られる。網をボートにすればもっとたくさんの人をボートから母船に乗り移らせてまとめて連れて行くことができる。

未来食の手料理には、あなたが心の底から望んでいる、でも、叶わないものとあきらめている、または同時には叶わないと思っている幸せの6つの基本要素のすべてを同時に叶える仕組みが組み込まれています。

これからも、女性の視点で女性の心身の仕組みに適合した食と生き方の知識と技術を探求実践していきます。

「心が受け入れられる現実」を求めているあなたに、体の中の生理的矛盾と頭の中の知識の矛盾を解決する、未来食のシステムと料理術を提供することで、健康があたりまえの人生を実現して、思い通りの現実を楽しむ歓びを伝え続けます。

日本各地の家がつぶつぶ料理教室になって、日本女性の1%500万人が未来食を実践して本当の女性性に目覚めて生きはじめた先に生まれる未来を思うと、ワクワクが止まりません。

あなたと会えるのを楽しみにしています。

大谷ゆみこ

大谷　ゆみこ（おおたに　ゆみこ）
未来食つぶつぶ創始者。女びらき塾主宰。株式会社フウ未来生活研究所CEO。
1982年から生命のルールに沿ったおいしい「料理のデザイン」とワクワク弾む「心のデザイン」という分野を開拓し先駆的な活動を続けている。雑穀が主役の健康をもたらす日本生まれのおいしい食システム「未来食」を提唱。1995年に誕生した「未来食セミナー」のプログラムで、日本各地の何千という人びとに家族ぐるみの健康と幸せのスキルを伝え続けている。未来食の手料理の魅力と技を伝える「つぶつぶ料理教室」を全国展開、本部は東京早稲田。暮らしの拠点は広葉樹林と七色の雑穀畑に囲まれた「未来食ライフラボ／いのちのアトリエ@山形小国」。日本ベジタリアンアワード第1回ビーガン賞、第2回大賞、第3回料理家グループ賞受賞。『未来食7つのキーフード』『つぶつぶクッキングSTARTBOOK』『ごはんの力』『野菜だけ？』など著書多数。女性初の日本ベジタリアン学会認定マイスター。日本ベジタリアン学会理事。

オトナ女子《じょし》は人生《じんせい》を“食《しょく》”で奏《かな》でる

2019年　3月　11日　第1刷発行

著　者　　大谷ゆみこ

発行人　　久保田貴幸

発行元　株式会社　幻冬舎メディアコンサルティング
〒151-0051　東京都渋谷区千駄ヶ谷4-9-7
電話　03-5411-6440（編集）

発売元　株式会社　幻冬舎
〒151-0051　東京都渋谷区千駄ヶ谷4-9-7
電話　03-5411-6222（営業）

印刷・製本　シナノ書籍印刷株式会社
装　丁　松山千尋
検印廃止

ISBN 978-4-344-92176-4 C0034

幻冬舎メディアコンサルティングHP
http://www.gentosha-mc.com/